거절
당하는
기술

서정규 지음

오늘
당신을
좌절시킨
사람은
누구인가?

거절당하는 기술

하나라도
더 챙기려는
계산형

아무리 해도
안 믿는
의심형

쥐처럼 결정을
내리지 못하는
불안염려형

이콘

더 큰 성취를 꿈꾸는 영업인들에게
돈 주고도 살 수 없는 귀한 산지식을 주는 책

거절당하는 기술이라? 이 책의 제목을 처음 접했을 때 사실 고개가 좀 갸웃거려졌습니다. 그도 그럴 것이, 우리처럼 영업에 몸담고 살아가는 사람들 입장에선 '거절당하는'이라는 이 말만큼 거북살스러운 말도 달리 없기 때문입니다. 하지만 저의 이런 생각은 오래 가지 않았습니다. 목차를 읽어 내려가면서 저자가 뭘 얘기하고 싶어하는지, 책 제목과 관련된 역발상의 의도들이 하나씩 분명하게 잡혀온 것입니다.

영업은, 특히 자동차 영업은 속마음을 미처 알 수 없는 고객들을 상대하며 '부단히 자기 자신과의 싸움'을 벌여 나가야 하는 고독한 직업이 아닌가 싶습니다. 설령 내 자존감에 상처를 입었다고 해서, 또는 한순간에 마음이 바뀐 고객으로부터 배신감을 느꼈다고 해서 쉽사리 포기하거나 물러설 수 없는 직업인 것이지요. 그럴 경우 바로 패배자가 되고 마니까요. 설령 거절과 실패를 겪게 될지라도 되려 그것을 약으로 삼아 더욱 냉철하게 원인을 분석하고 스스로 마음을 다스리면서 2보 전진을 위한 노하우를 만들어나가는 것이 바로 베테랑 영업인들이 걷는 길입니다.

우리 영업직원들에게 자동차 영업을 시작할 때 가장 두려웠던 일이 뭐였나 물으면 한결같이 '상대방의 거절'을 얘기합니다. 내가 말도 꺼내기 전 문전박대를 당했던 것부터, 겨우 말을 텄는데 건성으로 내 말을 듣다가 돌려보내는 경우, 또는 거의 계약 단계에 이른 듯 싶었는데 다른 선택을 하는 경우까지 수도 없이 많은 거절을 겪어야 하는 것이 영업인의 생리인지도 모릅니다. 그렇지만 이렇게 내공이 쌓이며 점차 성공 확률을 높여가는 그것이 영업인으로서 성장해가는 길일 것입니다.

이 책을 쓴 저자 서정규 교수는 저와 꽤 오랜 시간 한 솥밥을 먹던 사이입니다. 첫인상부터 호감이 느껴지는 남다른 매력의 소유자지요. 또 함께 대화를 나누다보면 왜 그리 편안해지는지요. 그는 연구직으로 입사해 영업 전직 5년만에 기아자동차 판매왕에 올랐고 이후 4년 연속 전국 판매왕을 차지한 화려한 경력도 갖고 있습니다. 한해 400대 가까운 차를 팔면서도 누구보다 겸손하고 성실했던 영업인으로 모두에게 기억되는 그런 사람입니다. 한마디로 말해, 단순히 차만 많이 잘 팔았던 사람이 아니라 많은 후배 영업인들로부터 인격적 존경을 한몸에 받던 그런 롤모델이었던 사람이지요.

그는 이 책에서 "거절을 안 당하는 것보다 잘 당하는 것이 중요하다"고 역설합니다. 가장 두렵고 가장 회피하고 싶은 것을 정면돌파할 수 있다면, 그때 비로소 영업인으로서의 단단한 자기 정체성을 만들어갈 수 있다는 말이겠지요. 거절을 두려워하지 말고 당당히 맞서는 자세, 설령 거기서 아픈 경험을 하게 되더라도 그 일을 통해 나의 부족했던 점은 무엇이었는지 제대로 깨닫고 스스로를 보완함으로써 더 큰 자신감과 성취를 쌓아나갈 수 있다고 저자는 이 책에서 강조합니다.

영업관리를 하는 저의 입장에서도 이 책은 다시 한번 초심으로 돌아가 많은 것을 되돌아보게끔 만들어주었습니다. 영업현장에서 매일 매일 고객들과 만나야하는 영업인들에게 저자의 앞선 경험을 토대로 진솔한 얘기를 아낌없이 들려주는 이 책이 돈 주고 살 수 없는 귀한 산지식을 줄 것이라 생각합니다. 더 큰 성취를 향해 꿈을 키우는 영업인들에게 이 책을 자신있게 추천하고 싶습니다.

기아자동차 국내영업본부장 부사장
권혁호

거절에 대한 흥미로운 책

우리는 타인으로부터 거절당하는 것에 두려움을 느낍니다. 그 결과 상당수의 사람들은 거절이 두려워서 아예 시도를 포기하기도 합니다. 거절을 당하지 않는 가장 좋은 방법은 시도하지 않는 것입니다. 그러나 시도하지 않으면 거절은 당하지 않겠지만 내가 원하는 것을 얻을 수도 없습니다.

그래서 이 책은 매우 흥미로운 책입니다. 영업현장에서 뛰고 있는 분들뿐만 아니라, 대인관계가 고민인 사람들에게도 꼭 필요한 책이라고 판단됩니다.

이 책은 거절에 대한 깊은 철학도 담고 있습니다. 거절 당할 이유가 있어 거절당한다는 생각을 한다면 거절 때문에 두려워하는 시간이 더 이상 필요 없다는 것입니다. 거절에 대한 두려움이 있다면 이 책을 읽고 용기를 내서 다시 한번 도전해 볼 것을 권합니다.

가천대학교 교수
송진구

C O N T E N T S

나는 판매왕이 아니라
거절왕이었다

거절, 이 단어를 들으면 어떤 경험이 떠오르는가?

아마 대부분의 사람들이 얼굴부터 찌푸릴 것이다. 오랫동안 마음에 품었던 사람에게 간신히 용기를 내어 고백했다가 매몰차게 거절당했을 때의 참담함, 떨리는 가슴을 진정시키며 첫 영업에 나섰다가 고객에게 싸늘한 냉대를 받았을 때의 막막함…… 어디 그뿐이랴. 며칠간 끙끙대며 쓴 보고서를 읽은 상사의 호통, 회사의 사활이 걸린 거래처와의 계약 실패도 넓은 의미에서는 모두 거절의 경험에 속한다.

그렇다. 거절이라는 단어는 부정적인 경험이나 기억, 이미지로 연결되곤 한다. 그것이 무엇이든 자신의 바람이나 부탁, 의지가 거절당하고 싶은 사람이 어디 있겠는가. 영업자는 거래처나 고객으로부터 거절당할지 모른다는 두려움에 떨고, 구직자는 응시한 회사로부터 거절당할지 모른다는 공포에 시달린다. 그리고 실제로 거절당하면 제아무리 낙천적이고 긍정적인 사람일지라도 절망에 빠져 허우적대기 마련이다.

거절을 당하는 데도 기술이 필요하다

"거절 좀 안 당하고 살고 싶어요. 뭔 놈의 인생이 거절의 연속이야……"

얼마 전 만난 후배는 자리에 앉자마자 깊은 한숨과 함께 푸념을 늘어놓았다. 이제 영업 20년차에 접어든 후배는 여전히 고객의 냉대와 거절이 힘들고 두렵다며 하소연했다. 단단히 마음먹고 영업에 나섰다가도 거절을 당하고 나면 '내가 그렇지, 뭐' 하는 한탄과 함께 좌절감이 밀려든다는 것이다.

"이 길이 내 길이 아닌데, 미련하게 버티고 있는 건가

싶기도 하고…… 하여간 아무리 겪어도 익숙해지지 않는 게 거절인 것 같아요. 이제 굳은살이 생겼을 법도 한데……"

영업을 하는 사람이라면 알 것이다. 카탈로그를 돌리러 간 사무실에서 문전박대를 당할 때의 비참함, 열심히 공들인 고객이 하루아침에 마음을 바꿀 때의 허탈함, 혹여 팔아달라고 부탁할까봐 슬슬 눈치를 살피는 지인들을 볼 때의 서러움…… 어쩌면 거절이란 영업맨이 헤쳐나가야 할 난관이자 숙명일지도 모른다. 우리는 늘 직간접적으로 거절을 겪으며 살아가고 있다.

"선배는 대체 어떻게 영업을 하시는 거예요? 거절 안 당하는 비결 좀 있으면 알려주쇼. 선배는 노하우라도 있을 거 아녜요? 거, 나도 전국 자동차 판매왕의 비법 좀 배웁시다."

한참 신세한탄을 늘어놓던 후배가 갑자기 거절당하지 않는 방법을 물어왔다. 사실 한두 번 받은 질문도 아니었다.

'30대에 4년 연속 전국 자동차 판매왕 등극.'
'30년 넘게 현역에서 뛰고 있는 베테랑 영업맨.'
자랑 같아 부끄럽지만 내 이름 앞에 늘 따라붙는 수식

어들이다. 나는 현대자동차에서 일하던 시절 4년 연속 전국 자동차 판매왕에 오르는 등 나름 단단히 입지를 다지며 30년 넘게 영업자로서 활동했다. 가장 물이 올랐던 때는 1년에 400대를 팔기도 했는데, 당시 기아, 현대, 대우를 통틀어서 가장 많은 차를 판 영업자였다. 이후 오랜 세일즈 경험과 경력을 토대로 소상공인을 대상으로 한 '희망경영'이란 강의를 진행하는 것은 물론, 지금은 반찬 전문 프랜차이즈 장독대에서 상무로 근무하며 영업 관리와 고객 유치에 힘쓰고 있다. 어느 정도 나이가 들면 현역에서 물러나기 마련인 영업계에서 여전히 현장에서 발로 뛰고 있는 영업맨인 셈이다.

이런 나에게 후배들이나 동료들은 "도대체 어떻게 하면 성공할 수 있냐?" "영업의 비밀이 뭐냐?" "거절당하지 않는 방법이 대체 뭐냐"라고 물어오곤 한다. 하지만 나라고 뾰족한 수가 있을까. 30년 넘게 영업맨으로 살아오면서 겪은 구구절절한 거절의 경험을 이야기하자면, 과장 조금 섞어 며칠 밤을 새워도 모자랄 판이다. 거절 앞에 장사 없다고나 할까. 나 역시 그들과 다르지 않은 처지라는 이야기다. 다만 내가 그들에게 들려주는 조언이 하나 있긴 하다.

"나는 거절을 '안' 당한 게 아니다. 거절을 '잘' 당했을 뿐이다. 거절을 당하는 데도 기술이 필요하다."

거절 '하는' 방법도 아니고 거절 '당하는' 기술이라니, 다들 이게 무슨 어이없는 소리야 하는 표정으로 나를 쳐다보곤 한다. "거참, 알려주기 싫으면 마쇼. 말도 안 되는 소리로 둘러대기는……" 하며 얼굴을 찌푸리는 사람도 있다. 하지만 어쩌랴. 나는 정말 사실대로 말한 것을. 나름 영업계에서 잔뼈가 굵었지만, 거절을 당하지 않는 묘수 같은 것은 모른다. 내 능력과 경험이 진정한 고수가 되기에는 여전히 부족한 것일 수도 있다. 그러나 이 짧지 않은 경력을 쌓으면서, 나는 거절을 잘 '당하는' 방법만은 분명히 터득했다.

당신에겐 '3성'이 있는가

거창한 노하우도, 내세울 만한 필살기도 아니지만 내가 거절을 당하는 방법의 중심에는 '3성'이 있다.

정성: 남의 일을 자신의 일처럼 했는가
감성: 울리는 마음으로 상대에게 다가갔는가
인성: 기본이 되어 있는가

정성이란, '아낌없이 주는 나무'가 되는 것이다.

거절을 당한 후에는 팽하고 돌아서거나 포기하지 않는 끈기가 중요하다. 거절 이후에도 계속 고객의 상황을 면밀히 살피고, 필요한 도움을 주는 것이 정성이다. 영업맨에겐 모두가 잠재 고객이다. 오늘은 고객이 아니지만 내일은 고객일 수 있다는 생각으로, 늘 정성을 기울이는 자세가 중요하다. 한때 고객만족이라는 캐치프레이즈가 유행처럼 번진 적이 있다. 하지만 이제는 고객만족으로는 부족한 시대다. 고객감동, 그것도 고객을 졸도시킬 만큼의 감동을 아낄 수 있어야마 하다 주의할 점은 꾸준히, 지속적으로 정성을 쏟는 끈기가 필요하다는 것이다. 그런 의미에서 일명 '가랑비 전략'이라고도 할 수 있다. 가랑비에 옷 젖듯 조금씩 그의 마음에 스며들다보면, 어느덧 상대는 당신을 신뢰하게 되고 결국 당신의 제안에 'Yes'라고 답할 것이다.

감성이란, 상대가 거절을 하되 이를 미안하게 생각하도록 만드는 것이다.

사람이란 부탁을 들어주지 못하더라도, 한 번 미안한 마음을 품으면 나중에 어떻게든 도와주게 되어 있다. 본인이 구매할 수 없는 경우라면 주변 사람이라도 소개해주게 되어 있다. 그렇다면 어떻게 고객이 미안하게 느끼도록 만들 수 있을까? 이는 필연적으로 앞의 '정성'과 연결되는데, 상대가 '고마움'을 넘어 '미안함'을 느낄 만큼 정성을 기울이는 것이 포인트다. 그 정성이 단순히 영업을 위한 전략이 아닌 진심이 담긴 배려라고 느껴지는 순간, 즉 정성에 감성이 더해지는 순간, 고객은 미안함을 느끼게 된다. 단 미안하게 생각하도록 만들라고 해서 동정심을 사려는 언행이나 부담을 주는 태도는 금물이다. 뜨겁지도 차갑지도 않게, 멀지도 가깝지도 않게, 배려와 정성에도 적당한 온도와 거리가 필요하다는 사실을 명심하자.

인성이란, 기본을 지키는 전략이다.

뇌물이나 접대, 학연이나 지연 등으로 접근하는 영업은 당장의 성과를 가져다줄지는 모르지만, 결국 언젠가는 거절을 겪을 수밖에 없다. 뇌물이나 접대로 이루어진 영업은 더 큰 뇌물과 접대를 부를 뿐이며, 학연이나 지연 등으로 성사된 거래는 한계가 분명하다는 사실을 영업맨이라면 이미 잘 알고 있을 것이다. 조금 어렵고 힘들더라도 정도正道를 걸을 각오가 필요하다. 각종 편법이 난무하는 시대에 기본을 지키고 정도를 걸으라는 이야기는 비현실적으로 들릴 수도 있다. 하지만 바로 그런 시대이기에 기본과 정도를 갖춘, 즉 인성을 갖춘 정성은 오히려 더 큰 힘을 발휘할 수 있다. 사람들은 희소한 것에 가치를 부여하기 마련이다.

거절을 당하더라도, 그저 대책 없이 당하는 것과 전략적으로 다음 단계를 준비하는 것, 이 두 가지는 엄청난 차이를 가져온다. 기본적으로 'Yes'보다 'No'를 듣는 일이 많을 수밖에 없는 영업에서, 거절을 '어떻게' 당하느냐가 성패를 좌우한다고 해도 과언이 아니다. 그렇다. 이제 당신이 고민할 것은 어떻게 하면 거절을 '안' 당할 것이냐 하는 방법이 아니라, 어떻게 하면 거절을 '잘' 당할 것이냐 하는 전략이다.

이 책에서 나는 영업 인생 30년의 경험과 더불어 거절과 관련된 다양한 사례를 소개하며, 구체적이고 현실적인 노하우를 나누고자 한다. 성공이란 거창한 단어를 내세우기엔 부족한 삶이지만, 적어도 거절에 있어서는 성공했다고 자부한다. 나 역시 거절의 두려움에 떨어본 경험이 많으며, 그것을 극복하지 못해 절망의 끝에 서본 일도 수두룩하다. 그리고 이제는 거절 앞에 움츠러들거나 주눅들지 않고 당당히 거절과 마주할 수 있다. 이 정도면 거절과 관련해서만은 나름 성공했다고 할 수 있지 않을까.

비록 이 책은 영업에 많은 부분을 할애하고 있지만, 영업맨에게만 필요한 이야기는 아닐 것이다. 불합격, 실연, 승진 누락 등 모든 종류의 거절로 괴로워하는 많은 이들에게 이 책이 작게나마 도움이 될 수 있다면 좋겠다.

거절을 당하는 데도
기술이 필요하다.

거절을 안 당하는 법은 모른다.
하지만 거절을 잘 당하는 법은 알려줄 수 있다.
정성, 감성, 인성, 이 세 가지로부터 시작해보자.
기본을 지키고, 정도를 지키는 것은 갈수록
더 큰 힘을 발휘하게 될 것이다.

Chapter 1.

거절당하는 사람은 따로 있다

: 당신이 아무리 애써도 계속 거절당하는 이유

도대체 나는 왜 늘
거절당하는 걸까?

'나는 왜 늘 거절만 당하는 걸까? 나는 정말 안 되는 걸까?'

당신은 오늘도 실적 없이 사무실로 무거운 발걸음을 옮기며, 깊은 한숨을 내쉬었는지도 모른다. 명함을 돌리러 찾아간 곳에서는 잡상인 취급만 당했고, 몇 시간 내내 떠들었지만 고작 "조금만 더 생각해보겠다"는 답변을 듣고 온몸에 힘이 다 빠져버렸을지도 모르겠다.

하지만 실망할 필요는 없다. 자책할 이유도 없다. 거절이 곧 능력의 부족이나 실패를 뜻하는 것은 아니니 말이다. 생각해보자. 거절이란 무엇인가. 사전적 정의로만 보자면 '상대편의 요구, 제안, 선물, 부탁 따위를 받아들이지 않고 물리침'을 뜻한다. 즉 거절당한다는 것은 '나의 요구, 제안, 선물, 부탁 등이 받아들여지지 않았다'는 의미다.

그렇다면 영업이란 무엇인가. 영업에 대한 정의는 사람마다 다르겠지만, 나는 이렇게 정의하고 싶다. 영업이란 '고객의 삶을 더 편리하고 행복하게 만들기 위한 제안을 하고 이로써 이익을 거두는 행위'라고 말이다. 이에 대한 설명은 뒤에서 더 자세히 하도록 하고, 여기서 눈여겨볼 사실은 그것이 상품이든 서비스든, 상대방에게 그것을 구매하기를 '제안'한다는 점에서 영업은 필연적으로 거절을 동반할 수밖에 없다는 것이다.

'자주' 거절당하고 '어쩌다' 거절당하지 않는 사람들

영업맨에게 거절이란 하나의 업무다. 우리는 '자주' 거절당하고 '어쩌다' 거절당하지 않는 사람들이다. 우리의 목표는 거절을 '안' 당하는 것이 아니라 거절을 '잘' 당하는 것이 되어야 한다. 물론 거절을 절대 당하지 않을 수만 있다면 가장 좋을 것이다. 하지만 그것이 현실적으로 불가능하다는 사실은 굳이 말하지 않아도 우리 모두 알고 있다. 그렇기에 거절을 받아들이는 태도가 중요하다. 거절을 실패로 여기면 업무 자체가 괴로워진다. 업무 중에 벌어지는 자연스러운 과정으로 여겨야 상처를 덜 받고 계속 일을 해나갈 수 있다. 단 한 번의 거절 때문에 일 자체로부터 거절당하는 것 같다는, 이 길은 내 길이 아닌 것 같다는 좌절감을 맛본다면, 그것만큼 안타까운 일이 어디 있겠는가.

물론 잘 알고 있다. 아무리 거절당하는 것이 영업맨의 업무 중 하나라지만, 그렇다고 해서 거절이 괴롭지 않은 것은 아니라는 사실을 말이다. 나 역시 자동차 영업을 할 때마다 밀려오는 거절의 두려움에 여간 힘들었던 것이 아니다. 영업맨의 하루 일과는 아침 내근을 마치고 영업 현장을 도는 것으로부터 시작된다. 나 또한 사무실과 상가 등을 돌면서 명함과 카탈로그를 나눠주곤 했다. 최대한 밝은 표정으로 인사를 건넨 후 명함을 끼운 카탈로그를 놓고 나오는데, 때로 나를 바라보는 사람들의 눈빛이 마치 동물원 원숭이 쳐다보듯 느껴질 때가 있었다. 그럴 때는 '이걸 계속 해야 해, 말아야 해'라는 생각이 불쑥 들곤 했다.

아마도 공감하는 사람들이 많을 것이다. 제아무리 경

험이 많은 노련한 영업자라도 한 번 수치심을 느끼고 나면 이를 극복하기란 쉽지 않다. 특히 하루의 첫 방문에서 위와 같은 일을 겪고 나면 다음 사무실의 문고리조차 잡기 힘들어진다. 그래도 목표를 달성해야 하므로 사무실 문틈에 카탈로그를 끼워놓는 정도는 하지만, 그런 곳에서 연락이 오는 경우는 거의 없다.

만약 당신이 거절의 두려움 때문에 문고리를 잡는 것조차 어려운 상태라면, 그 경험을 좀더 소중히 다루기 바란다. 거절의 두려움을 자신감을 헤치는 쪽으로 사용하지 말고, 자신감을 더욱 키우는 쪽으로 사용하라는 이야기다. 두려움을 이기는 가장 좋은 방법은 두려움에 맞서는 것이다.

항상 싸움에 대해 두려움을 갖고 있는 아이가 있었다. 그래서 친구가 이유 없이 시비를 걸거나 다른 친구를 괴롭히면 화가 나는데도 그냥 피해버리곤 했었다. 하루는 아버지가 그건 비겁한 행동이라며 맞서라고 가르쳐주었다. 이에 아이는 그날도 약한 친구를 골탕 먹이는 친구에게 한방 날려주었다. 그러자 그렇게 강한 줄 알았던 친구가 벌렁 나자빠지는 것이 아닌가. 이후로 그 아이는 싸움에 대한 두려움을 떨쳐낼 수 있었다. 이처럼 두려움은 절대 피한다고 해결될 문제가 아니다. 두려움은 맞설 때 비로소 이겨낼 수 있는 것이다. 거절 앞에서도 마찬가지다. 거절에게 정면으로 도전장을 내밀어야 한다. 거절당할 생각을 하고 힘차게 문고리를 돌려야 한다. 그리고 당당하게 저벅저벅 걸어 들어가는 연습을 하다보면 어느 새 거절의 두려움이 조금씩 사라지기 시작할 것이다.

36번의 거절 끝에 탄생한 베스트셀러

조금 위안이 될 이야기를 해보자. 다행히 거절로부터 자유로운 사람은 없다. 모두가 부러워 마지않는 유명 연예인도, 재벌도, 대기업 CEO도 어떤 식으로든 거절당하기 마련이다. 원하는 프로그램에 섭외되지 않을 수도 있고, 오랜 시간 공들인 거래처와의 계약에 실패할 수도 있다.

이를 증명하는 사례가 있다. 그녀는 영국의 명문 케임브리지 대학교 졸업 후, 작가이자 언론인으로서 아메리칸 드림을 꿈꾸며 미국으로 건너갔다. 첫 책은 발표하자마자 뜨거운 사랑을 받았고 그녀는 손쉽게 유명 작가로 안착하는 듯했다. 이 기세를 몰아 두 번째 책을 발표하고 작가로서의 입지를 공고히 하고자 했으나, 무슨 일인지 책을 출간하고자 하는 출판사가 없었다. 원고를 받아본 첫 출판사는 대중성이 약하다는 이유로 거절했다. 그녀는 포기하지 않고 다른 출판사의 문을 두드렸으나, 그곳 역시 같은 이유로 고사했다. 세 번째 출판사마저 난색을 표했을 때 그녀는 억울한 마음마저 들었다. 자신이 책을 출간해본 적 없는 무명작가라면 모르겠지만, 첫 책이 성공을 거뒀음에도 계속 거절당하는 상황을 이해하기 어려웠던 것이다.

'도대체 왜, 뭐 때문에 다들 거절하는 거야?!'

사실 우리가 생각해도 다소 의아한 상황이기는 하다 첫 책이 성공을 거둔 작가라면 출판사는 그에 대한 후광을 기대해서라도 다음 책을 출간해 볼 수 있지 않을까. 제3자인 우리도 납득하기 어려운데, 당사자인 그녀는 오죽했겠는가. 번번이 거절을 당하면서 그녀의 좌절은 절망으로, 절망은 분노로 바뀌고 있었다.

자, 당신이라면 어떻게 하겠는가? '이 책의 진가를 알아보지 못하는 세상이 문제'라며 출판을 포기할 것인가? '당신들이 내주지 않으면 내가 직접 출판하면 그만'이라며 첫 책을 통해 번 돈으로 자비출판을 할 것인가? 아니면 '네가 이기나, 내가 이기나 끝까지 해보자'며 출판해

줄 출판사가 나타날 때까지 계속 문을 두드릴 것인가?

그녀가 택한 방법은 세 번째였다. 다만 무조건 처음의 원고를 계속 들이밀지는 않았다. 그녀는 거절을 당할 때마다 원고를 수정했다. 거절하는 출판사에 늘 이유를 물었고, 그 이유들을 분석하며 '거절당하지 않을' 원고를 만들기 위해 각고의 노력을 기울였다. 그것은 다소 모욕적이기도 하고 무척 지난한 작업이었지만, 힘들고 괴로울수록 오기가 생긴 그녀는 결코 포기하지 않았다. 그렇게 36번의 거절과 36번의 수정이 있었고, 마침내 37번째 출판사에서 'OK'란 답변을 들을 수 있었다. 36번의 거절 끝에 완성된 그 책은 어떤 결과를 맞았을까? 당신도 예상하다시피 많은 독자의 찬사를 받으며 당당히 베스트셀러에 올랐다.

이 에피소드의 주인공은 '워싱턴포스트'와 '월스트리트저널'을 제치고 미국 대표 언론사로 우뚝선 온라인 신문사 '허핑턴포스트'의 발행인 아리아나 허핑턴이다. 만약 그녀가 두 번째 책의 출판을 진행하며 부딪친 수많은 거절 앞에 좌절하고 포기했다면, 지금의 자리에 오르지 못했을지도 모른다. 우리 눈에는 탄탄대로만을 걸었을 것 같은 사람들 역시 수많은 거절을 경험했던 것이다. 결국 거절은 만인 앞에 평등하다고 할 수 있다. 그 거절을

이겨내느냐 이겨내지 못하느냐, 두려움을 피하느냐 맞서
느냐에 따라 결과가 달라지는 것뿐이다.

거절을 피하는 유일한 방법

거절이 누구에게나 공평하게 찾아온다지만 이를 피할
수 있는 방법이 하나 있긴 하다. 세상 누구와도 관계를
맺지 않으며, 아무것도 바라지 않는 것이다. 바꿔 말하면
사회에 속해 누군가와 관계를 맺으며 살아가는 한, 거절
은 피할 수 없는 숙명이라는 뜻이다.

'거절은 곧 기회'라는 말을 들으면, 사실 좀 화가 날 것
이다. 위기도 기회고, 실패도 기회고, 좌절도 기회고, 세
상이 온통 기회투성이라는데 정작 내가 기회를 잡는 일
은 그리 많지 않으니 말이다. 그럼에도 거절은 기회다. 다
만 그것이 숱한 자기계발서나 유명 인사들이 말하는 성
공의 기회를 의미하지는 않는다. 거절은 내가 무슨 문제
가 있는지, 무엇을 고쳐야 하는지, 방법을 찾아볼 수 있는
독특한 기회다. 방법을 알아낸다고 해서 바로 성공에 도
달하지는 않겠지만, 성공에 보다 가까워질 수는 있다.

허핑턴의 사례만 봐도 그렇지 않은가. 그녀는 무수한

출판사들로부터 숱한 거절을 당한 끝에 원고의 문제점을 파악해 보완할 수 있었고, 덕분에 완성도 높은 책을 출간할 수 있었다. 만약 그녀의 두 번째 책이 단번에 오케이를 받고 세상에 나왔다면? 물론 그래도 성공했을 가능성은 있다. 하지만 많은 출판사들이 부족하다고 느꼈던 원고인 만큼 현실적으로 실패했을 확률이 더 높다. 아무리 첫 책으로 인기를 끌었다지만 후속작에서 실패한 작가가 재기하기란 쉽지 않을 터. 그녀는 수많은 거절을 받은 덕에 더 큰 참사를 피할 수 있었던 셈이다. 그런 의미에서 거절은 더 큰 실패를 방지하는 기회라고도 할 수 있다.

소설가 조정래 역시 원래는 시인에 도전했었다고 한다. 하지만 수많은 거절을 경험하면서 자신의 분야는 시가 아니라 소설이라는 사실을 깨닫고, 결국 소설로 방향을 틀었다고 한다. 결과는 우리가 아는 대로다. 그는 대작가가 되었다. 그에게 거절은 자신의 진짜 재능을 알 수 있는 기회가 되어준 셈이다.

중요한 것은 포기하지 않는 것이다. 조정래와 아리아나 허핑턴은 거절 앞에 좌절하거나 굴복하지 않았다. 그들은 남들이라면 '포기'할 상황을 오히려 '재기'의 기회로 삼았고, 결국 바라던 꿈을 이룰 수 있었다. 거름이란 자신이 희생해서 남을 잘되게 해주는 존재다. 거절도 잘만 활용하면 거름이 될 수 있다. 조정래나 허핑턴처럼 거절의 경험을 거름으로 활용할 수 있다면, 더욱 멋진 인생으로 거듭나게 될 것이다. 반대로 거절당했다고 포기하고, 결국 실패한 인생이라 여긴다면 그 절망의 수렁에서 빠져나오기는 결코 쉽지 않을 것이다.

미워도, 지겨워도 다시 한번! 지피지기백전불태

지피지기백전불태, 나를 알고 적을 알면 백 번 싸워도 위태롭지 않다는 이 말을 귀에 딱지가 앉을 정도로 많이 들었을 것이다. 이 빤한 말을 다시금 듣게 해서 미안하지만 이 구절을 꺼내든 이유가 있다. 안타깝게도 대부분의 사람들은 이 단순한 진리를 잘 알고 있으면서도 잘 실천하지는 못한다.

이 책을 펼쳐든 당신은 아마도 평소 거절을 '잘' 당하는 사람일 것이다. 물론 이때의 '잘'은 'good'이 아니라 'often' 혹은 'much'를 뜻한다. 자주 당하든 많이 당하든, 어쨌든 거절을 잘 당하는 당신, 그 이유가 무엇이라고 생각하는가?

아마 쉽게 답을 떠올리기 어려울 것이다. 그리고 그것

이 바로 당신이 거절을 잘 당하는 이유다. 자신의 문제가 무엇인지, 왜 거절을 당하는지 정확히 파악하지 못하고 있어서 거절을 당하는 것이다. 지피지기백전불태라는 말이 익숙함을 넘어서 지겨울 정도로 많이, 자주 회자되었다는 것은 그만큼 이 말이 설득력을 갖추었다는 방증이기도 하다. 그리고 이 말의 설득력은 거절의 영역에서도 작용한다. 즉 내게 어떤 문제가 있는지, 내가 왜 거절당하는지를 알면 문제의 반은 해결한 것이나 마찬가지란 이야기다. 대개 거절을 당하면 상대가 왜 거절하는지, 그 이유를 궁금해한다. 하지만 그보다 앞서 고민할 것은 내가 어째서 거절당했는지, 나에 대한 점검이다. 거절이란 나와 상대 사이에서 일어나는 일이기에, 상대뿐 아니라 나에 대한 분석과 판단도 필요한 것이다.

자, 그럼 과연 어떤 사람들이 무슨 이유로 거절을 당하는 걸까. 이 장에서 우리는 거절을 잘 당하는 몇 가지 유형과 그 원인, 그리고 이를 해결할 수 있는 방안을 살펴볼 것이다 이를 통해 자신을 파악하고 문제를 분석할 수 있는 기회를 마련해보자.

영업맨에게 거절은 당연한 것이다.
거절에 대한 두려움을 없애라.

누구나 거절을 겪는다. 거절은 만인 앞에서 평등하다.
그리고 그 거절을 어떻게 맞서느냐에 따라 결과는 달라진다.
거절이 무서워 아무것도 하지 못한다면
한 발짝도 앞으로 나가지 못할 것이다.
두렵더라도, 일단은 도전해보는 것이 어떨까.

'거절당하면 어쩌지' '싫어하면 어쩌지'
아이고, 당신을 어쩌지!

'어쩌지'만
반복하다
제풀에 지치는,
걱정도 팔자형

L이 그녀를 소개팅에서 처음 만났을 때, 정말이지 깜짝 놀라고 말았다. 외모부터 성격까지, 그의 첫사랑과 무척 닮았기 때문이었다. 첫눈에 반한 L은 평소 소심한 그답지 않게 어설픈 농담도 던져가며 적극적으로 호감을 표현했고, 다행히 그녀도 그가 싫지 않은 눈치였다. 헤어질 때는 전화번호를 받는 데도 성공했다. 문제는 그다음이었다. L은 그녀에게 애프터 신청을 하고 싶었지만, 쉽게 연락하지 못했다. 몇 번이나 그녀의 전화번호를 눌렀다가 지우기를 반복할 뿐 좀처럼 용기를 내지 못했다.

'전화번호는 그냥 예의상 준 걸지도 몰라. 연락했는데,

싫다고 하면 어쩌지.'

'이제와서 연락하기는 너무 늦은 것 같아. 내가 관심이 없는 걸로 이미 오해했으면 어쩌지.'

그녀와 마주하고 있을 때는 눈앞에서 실시간으로 표정과 반응을 살피며 나름 상대도 내게 호감이 있다는 자신감을 얻었지만, 혼자서 이런저런 상상의 나래만 펼치다보니 자신감은 흔적도 없이 사라지고 어느새 그 자리엔 걱정과 두려움만 남았다. 그렇게 전전긍긍 애태우며 시간만 보내길 여러 날, 어느덧 소개팅을 한 지 2주가 지나 있었다. 더이상 시간을 끌면 안 될 것 같다는 생각이 든 L은 용기란 용기를 모두 쥐어짜내 간신히 그녀에게 문자를 보냈다.

"소개팅했던 L입니다. 제가 사정이 있어서 연락이 늦었네요. 잘 지내고 계신가요?"

떨리는 마음으로 스마트폰을 들여다보길 여러 날, 하지만 며칠이 지나도 상대는 묵묵부답이었다.

'아, 역시 내가 마음에 들지 않았던 건데 혼자서 괜히 쇼를 했구나……'

상심한 L은 몇날 며칠 술을 마시며 쓰린 상처를 다독였다. 그러던 어느 날이었다.

"야, 여자들이 너를 밀어내긴! 지가 오는 여자도 걷어

차고서는, 어디서 피해자 코스프레야?"

그날도 친구들과 술을 마시면서 연애운이 없는 자신의 신세를 한탄하고 있는데, 야근을 하느라 뒤늦게 합류한 주선자 친구가 대뜸 핀잔을 주는 것이 아닌가. 그 친구가 들려준 사연은 이랬다. L이 마음에 들었던 그녀는 계속 그의 연락을 기다렸지만, 몇 주가 지나도록 연락이 없자 자존심도 상하고 기다림에 지쳐서 마음을 접었다는 것이었다.

"L이 워낙 소심해 연락이 늦어지는 걸 거예요. 아마 지금도 연락할지 말지 고민하고 있을 겁니다."

L의 마음을 알고 있는 친구가 대신 변명해봤지만, 돌아온 답변은 싸늘했다고 한다.

"그 정도로 소심한 사람이라면 더더욱 만나고 싶지 않네요. 어떻게 문자 하나를 못 보내서 2주나 시간을 끌어요."

L은 여자들이 모두 자기를 싫어한다고 한탄했지만, 실상은 거절당하지도 모른다는 걱정과 염려로 인해 스스로 굴러들어온 복을 걷어찬 셈이다.

"나 자신에 대한 자신감을 잃으면 온 세상이 나의 적이 된다"

이번에도 '광탈'이었다. 벌써 몇 번째인지도 모른다. B는 한 번 탈락할 때마다 자신감이 10퍼센트씩 날아가버리는 것 같았다. 벌써 30번 이상 탈락했으니 그의 자신감은 현재 -300퍼센트까지 떨어진 상태다. 지금 B의 어깨는 축 처져 있다.

B는 '인서울' 대학 출신이기에 나름 취업에 자신이 있었다. 비록 취업 8대 스펙은 아닐지라도, 학벌과 학점, 토익, 어학연수, 자격증 등 5대 스펙까지는 차근차근 준비해놓았다. 그래서 취업 광탈은 남의 이야기인줄로만 알았다. 하지만 이게 웬걸. 그는 S기업에 입사지원서를 넣으면서 첫 탈락을 겪게 된다. 이후로 규모나 조건이 조금 떨어지는 기업들도 지원해봤지만, 결과는 매한가지였다. 도대체 뭐가 문제인가? B만의 문제가 아니었다. 주변에도 취업했다는 사람이 보이지 않았다. 정말 기업들은 신입사원을 뽑기나 하는 걸까? B는 점점 위축되어가는 자신을 비참한 심정으로 바라보지 않을 수 없었다.

아마도 지금 취업난에 허덕이고 있는 사람이라면 B의 처지가 마치 자신의 일처럼 느껴질 것이다. 아니, 이보다 더 처참한 상황에 놓여 있는 사람도 많을 것이다. 내 주변에도 그런 친구들이 많다. H는 아예 취업을 포기한 채 아르바이트로 생활을 연명하고 있다. 최저 생계비 정도의 월급을 받는 계약직, 비정규직을 울며 겨자 먹기로 받아들이는 사람도 많다. 물론 그런 가운데서도 대기업의 공채는 올라오고, 거기에 합격하는 사람들이 있다. 그들을 볼 때면 한숨이 섞인 한탄마저 나온다. 도대체 합격과 불합격은 어디서 갈리는 걸까? 그들은 되고, 나는 안 되는 이유는 무엇일까?

K는 방송국 PD가 되는 것이 꿈이었다. 누구보다 뛰어난 성적과 두뇌를 자랑했던 그였기에 필기시험은 언제나 합격이었다. 오랜 꿈을 이룰 날도 멀지 않아 보였다. 그런데 면접이 문제였다. 무슨 영문인지 면접관 앞에만 서면 주눅이 들어 제대로 고개를 들지도 못했다. 목소리는 또 왜 그리 작아지는지, 평소의 절반도 나오지 않았다. 스스로도 이유를 알 수 없어 답답하기만 했다. 그다지 소심한 성격도 아니건만 어째서 면접장에만 들어가면 괜히 위축되는 것인지 알다가도 모를 일이었다.

○○방송국 입사시험을 치를 때였다. 역시나 필기시험은 합격했고 문제의 면접을 보러 갔는데, 네 명이 동시에 들어가는 집단면접이었다.

'이번에야말로 기필코 붙고 말겠어. 절대 주눅들지 말아야지.'

마음을 굳게 먹은 그는 어깨에 힘을 주고 당당히 면접장으로 들어갔다. 그런데 이게 웬일인가. 자신에게 질문을 던지는 면접관이 단 한 명도 없었다. 나머지 세 명에게는 지원동기부터 성장배경까지 시시콜콜 물으면서, 자신에게는 아무런 질문도 던지지 않는 것이었다. 억울하고 화도 났지만, 면접장에서 따지고 들 수도 없는 노릇이었다. 결국 입 한 번 열지 못하고 면접을 마칠 수밖에 없었다. 집으로 돌아온 K는 화를 가라앉히고 가만히 생각해보았다.

'왜 아무도 내게 질문을 하지 않은 걸까?'

오랜 고민 끝에 내린 결론은 하나였다. 애써 당당한 척 꾸며봤지만 부족한 자신감이 노련한 면접관에게 단번에 읽힌 것이리라. '이번에도 긴장하면 어쩌지' '면접에서 또 죽 쑤면 어쩌지'라는 근심이 들통났던 것이다. K는 이 문제를 어떻게든 해결해야겠다고 마음먹었고 피나는 노력을 기울였다. 자신감을 연기하는 것이 아니라 진짜로 자신감을 가질 수 있도록 스스로를 독려했다. 그 결과 드디어 일곱 번째 도전 만에 당당히 방송국에 합격할 수 있었다.

이 이야기의 K는 드라마 〈미생〉으로 공전의 히트를 기록한 김원석 PD다. 그는 한 강연에서 자신이 면접에 떨어진 이유를 이렇게 분석했다.

"'자신감'으로 가득차 있어야 할 자리에서, '저 좀 꼭 붙여주세요' 하는 태도를 보였던 것 때문이었어요."

물론 자신감 부족이 불합격의 가장 큰 원인은 아니다. 합격과 불합격을 가르는 데는 보다 복합적인 기준이 작용한다. 하지만 면접에서 자신감 부족으로 고전을 면치 못한 이가 많다는 것만은 분명하다. 한 취업 포털사이트에서 구직자들을 대상으로 면접에서 탈락한 이유가 무엇이냐고 물었을 때, 무려 60퍼센트 넘는 응답자가 '자신감 부족'을 꼽았다. 구직자뿐 아니라 프로젝트를 진행하는 회사원, 오디션 참가자 등 뭔가를 얻고자 하거나 새로운 것에 도전하는 사람들은 자신감이 떨어질 때 곤란을 겪곤 한다. 앞의 L도 스스로에 대한 자신감이 부족해 그녀가 자신을 마음에 들어하지 않을 거라고 지레 걱정했던 것이 가장 큰 문제였다.

철학자 랄프 왈도 에머슨은 "나 자신에 대한 자신감을 잃으면 온 세상이 나의 적이 된다"고 말했다. 자신감의 중요성을 설파한 명언이다. 자신감 부족은 많은 일에서 걸림돌이 되기 마련이지만, 영업맨에게는 특히 치명타다. 자신감이란 무엇인가. '어떤 일을 충분히 할 수 있다고 믿는 마음'이다. 즉 자신감이 부족하다는 것은 자신이 어떤 일을 해낼 수 있다고 믿지 못한다는 뜻이다. 그래서 자신감이 부족하면 걱정과 근심이 많아지고, 무언가를 행하는 데 있어 주저하는 일이 많아진다. 도전을 하면서 성공보다 실패를 먼저 생각하고, 영업을 하면서 거래보다 거절을 먼저 생각한다면 어떻게 되겠는가. 걱정과 근심에 힘과 시간을 쏟다가 정작 일을 해보기도 전에 지치지 않겠는가. 그렇다. 거절을 잘 당하는 첫 번째 유형은 자신감 부족으로 인해 '실패하면 어쩌지' '거절하면 어쩌지' '어쩌지, 어쩌지'만 반복하다 제풀에 지치고 마는 '걱정도 팔자형'이다.

영업소의 기대주가 '도살장'에 끌려간 이유

"아니, 젊은 친구가 어쩜 이렇게 예의가 바르지?"

"그러게요. 게다가 성격도 밝고, 늘 웃고 다니니까 보는 사람 기분도 덩달아 좋아져요."

"간만에 물건이 들어왔어. 저 친구, 실전 나가면 고객들 마음 사로잡는 건 시간문제겠는데~"

S가 처음 우리 영업소에 들어왔을 때 사람들은 모두 입에 침이 마르도록 그를 칭찬했다. 외모가 준수했을 뿐 아니라 성격까지 좋아, 누구에게나 친절하고 예의 바르게 행동하니 호감을 갖지 않을 이유가 없었다. 입사한 지 얼마 지나지 않아 영업소의 모든 사람과 가까워지는 놀라운 친화력까지 선보였으니, 이제 영업소에서 그를 좋아하지 않는 사람이 없을 정도였다. 이 정도 친화력이라면 신입이라도 실전에서 성과를 올리는 건 시간문제인 듯했다.

당시 자동차 영업소는 신입들을 어느 정도 교육시킨 후 바로 영업 현장에 투입시켰고 신입이라도 일주일에 한두 대 정도의 실적을 올리는 것이 보통이었다. 그런데 이상하게도 S는 2주 동안 한 대도 판매하지 못하는 것이 아닌가. 외모, 성격, 무엇 하나 빠지지 않는 그의 부진에 모두가 의아할 수밖에 없었다.

대체 S에게 무슨 문제가 있었던 걸까? S가 영업에서 고전을 면치 못한 이유는 바로 '거절당하지 않으려는 태도'였다. 학창 시절부터 언제나 주변 사람들의 관심과 인기를 한몸에 받았던 그는 누군가로부터 거절당하는 데 익숙하지 않았던 모양이다. 그런데 영업을 시작하고 얼마 안돼 몇몇 고객에게 거절을 받고 나자 크게 상처를 받았다. 사실 고객 입장에서는 아무리 S가 호감형이라고 해도, 제품이 필요하지 않으면 구매하지 않는 것이 당연하다. 이는 S에 대한 거부가 아니다. 그런데 S는 거절당했다는 상처에 사로잡혀 자신감과 자존감이 곤두박질치고 말았다.

이후 그는 고객에게 제품을 설명하기도 전에 "이거 정말 좋은 차예요. 안 사시면 무조건 후회하십니다"라며 거절을 미연에 방지하는 데만 노력을 기울였다. 거절당하지 않으려는 마음에 제품에 대한 설명이나 소개에 앞서 '거절하지 말아달라'는 부탁만 늘어놓으니 고객 입장에서 신뢰가 갈 리 없었다. 제품을 보여주기도 전에 제발 사달라고 애걸복걸하고, 사야만 한다고 으름장을 놓는 S의 태도에 고객들은 하나같이 등을 돌렸고, 결국 거절당하지 않으려고 애를 쓰면 쓸수록 고객의 거절은 쌓여만 갔다.

더 큰 문제는 거절에 대한 두려움이 커진 S가 고객의 인상이나 말투만 보고, 왠지 까다롭거나 호락호락해 보이지 않는 사람에겐 다가가지조차 않았다는 사실이다. 시도도 해보기 전에 포기하는 횟수만 늘어나니 그의 실적은 나날이 떨어져갈 수밖에 없었다. '나는 왜 이럴까?' 하는 자괴감에 빠진 S는 급기야 '부진자 교육'까지 다녀오게 되었다. 부진자 교육은 영업자들 사이에서는 '도살장'으로까지 불리는 곳으로, 세 번 갔다 오면 경고장을 받게 된다. 결국 S는 얼마 지나지 않아 사표를 쓰고 말았다. 영업소의 최대 기대주로 각광받던 그는 그렇게 꽃 한 번 피워보지 못하고 사라졌다.

'타고난 성격'보다 '다져진 성격'이 중요하다

S가 떠난 후 여러 말이 오갔다.

"S가 그렇게 떠날 줄이야 누가 알았겠어요? 뭐가 문제였을까……"

"겉보기와는 달리 자신감이 부족했던 것 같아."

"성격도 예상 외로 소심했나봐요. 영업하기에는 부적절한 성격이었던 거죠."

"원래 영업은 거친 일이라서, 그렇게 온실 속 화초처럼 살아온 사람은 적응하기 어려워. 어쨌든 안타깝네. 쯧쯧."

영업소의 대부분이 S가 의외로 자신감이 부족하고 소심한 성격이라서 영업에 적응하지 못했던 것이라고 입을 모았다. 소심한 성격이 잘못은 결코 아니며, 소심하지만 영업에서 성공한 사람도 분명 존재한다. 하지만 적극적이고 대범한 사람에 비해 초기에 적응하는 데 어려움을 겪는 것도 부인할 수 없는 사실이긴 하다. 그래서 영업자는 타고난다고도 하고, 영업은 성격이 맞아야만 할 수 있는 일이라는 사람도 많다. 하지만 내 생각은 조금 다르다. '타고난 성격'도 중요하지만 그보다 중요한 것은 '다져진 성격'이라고 믿기 때문이다.

많은 사람들이 성격은 고치기 어렵다고 생각한다는 사실은 잘 알고 있다. 물론 어렸을 때부터 형성되어 오랫동안 가져온 기질을 단번에 바꾸기란 쉽지 않을 것이다. 하지만 결코 불가능한 것은 아니다. 사람이 타고난 것 중 고칠 수 없는 것은 아무것도 없다고 해도 과언이 아니다. 요즘이 어떤 시대인가. 뚱뚱한 사람도 다이어트로 날씬해질 수 있고, 못생긴 사람도 의학의 힘을 빌려 아름다워질 수 있는 세상이다. 심지어 최근엔 키를 키우는 수술까지 생겼다. 무릎뼈 또는 정강이뼈의 길이를 늘려 키를 최대 5센티미터까지 키울 수 있다고 한다. 절대 불가능하다고 여겨지던 영역까지 가능하게 하는 시대에, 성격을 바꾸는 것은 불가능하다는 생각에 갇혀 지내는 것은, 다소 과격하게 표현해 시대착오적인 발상이라고 할 수 있지 않을까. 무조건 성격을 바꿔야 한다고 강요하는 것이 아니다. 다만 성격을 핑계로 자신의 상황을 극복하려는 노력조차 하지 않는 태도는 경계했으면 하는 바람이다.

게다가 어떤 일을 하는 데 자신감이 떨어지는 이유는 그 일에 대한 경험이 부족하기 때문인 경우가 많다. 낙천적이고 대범한 사람도 해본 적 없는 일에 도전할 때는 두렵고 떨리기 마련이다. 즉 자신감 부족은 성격적 문제라기보다는 경험의 문제일 경우가 많다는 것이다. 경험이 부족하다면 경험을 쌓으면 된다. 사람이 가장 공포심을 느끼는 경우가 바로 여러 사람 앞에 섰을 때라는 통계를 본 적이 있다. 하지만 사람들 앞에 반복해서 여러 번 서다 보면 어느새 공포심은 어디 갔는지 찾아볼 수 없게 된다. 훈련과 연습을 통해 자신감이 쌓이기 때문이다. 마찬가지로 부족한 경험에 도전하는 노력을 계속하면 어느새 자신감은 새록새록 돋아나오게 되어 있다. 성격을 180도 바꿀 수는 없지만, 경험과 노력을 통해 조금씩 변화를 줄 수는 있는 것이다.

이번엔 A의 경우를 살펴보자. 그는 텔레마케팅 영업으로 사회생활을 시작했다. 입사 동기는 무려 100여 명, 그 많은 인원이 한 사무실에서 동시에 고객에게 전화를 돌려야 했다. 그들은 회사에서 개발한 교육 프로그램의 회원을 유치하는 일을 맡았는데, 가입비가 자그마치 100만 원에 달했다. 프로그램은 직원의 입장을 떠나서 객관적으로 평가하더라도 체계적이고 훌륭했지만 '좋은 프로그램인 건 확실한데, 과연 이 큰돈을 내고 가입하는 사람이 있을까⋯⋯' 하는 의문이 뭉게뭉게 피어올랐다. 한마디로 그는 자신이 판매하는 프로그램에 대해 자신감이 부족했다.

"안녕하세요. 저는 ○○교육 ○○○입니다."

머릿속에서 가시지 않은 의문 때문이었을까. 분명 안내할 내용을 모두 암기했건만 인사를 하고 나자 다음 말이 생각나지 않았다. 말문이 턱 막히고 말았다. 그렇게 첫 고객을 날려버렸다. 통화가 되기도 어려운데 말이다. 움츠러든 용기를 억지로 끄집어내어 다시 전화를 돌렸고, 더듬대긴 했지만 이번엔 본론까지 도달할 수 있었다.

"저희 회사에서 개발한 프로그램을 소개해드리려고⋯⋯"

하지만 거기까지였다. 수화기 너머로 "뭐야? 이거 스팸이잖아!" 하는 짜증 섞인 목소리가 들려왔고 이어 '뚜뚜뚜' 전화는 끊겨버렸다. A의 등줄기에 식은땀이 흐르면서 그와 동시에 심한 모멸감과 수치심이 밀려왔다. 평소에도 내성적인 성격이었던 그는 자신을 멸시하는 듯한 고객의 태도가 퍽 충격이었고, 상처는 생각보다 오래 갔다. 판매하려는 제품에 대한 의구심 역시 더욱 커졌다. '역시 사람들이 이렇게 큰돈을 투자할 만큼의 프로그램은 아닌 것 같다'는 생각이 들었다. 그날 그는 100통에 가까운 전화를 걸었지만 모두 거절당했다.

'하…… 내가 계속 이 일을 할 수 있을까. 나랑은 잘 안 맞는 것 같은데…… 나는 왜 늘 이 모양 이 꼴일까. 으이구, 못난 놈.'

하루에도 열두 번씩 사표를 내고 싶은 마음이 들었지만, 그럴 수 없었다. 지방의 전문대를 졸업하고 내세울 스펙 하나 없던 A에게 지금의 직장은 어렵게 잡은 동아줄과도 같았다. 고객의 냉대를 감당할 자신도 없었지만, 또다시 취업전선에 뛰어들 자신은 더욱 없었다. 결국 방법은 하나뿐이었다. 그저 맡겨진 일을 매일매일 해내는 수밖에, 별다른 도리가 없었다.

다음날도, 그다음날도 A는 고객에게 전화를 걸었고, 모욕을 받았고, 서러움을 삼켰으며, 또다시 전화를 걸었다. 그렇게 하루가 이틀이 되고, 사흘이 되더니, 어느덧 한 달, 두 달이 흘렀다. 매일같이 반복되는 하루였지만, 아주 작게나마 변화가 생기기 시작했다. 고객에게 인사를 건네는 게 자연스러워지더니, 나중에는 보다 길게 제품을 설명할 수 있게 되었다. 이제 A는 고객에게 전화를 거는 데 두려움을 느끼지 않았고, 면박을 당해도 받는 타격이 작아졌으며, 꽤 능청스럽게 상대와 대화를 이어가는 여유도 생겼다.

무엇보다 중요한 사실은 제품에 대한 자신감이 쌓였다는 것이다. 숱한 실패와 거절 속에서도 성공한 영업이 있었고, 프로그램을 구입한 고객들의 피드백을 통해 자신이 판매하는 상품이 가격만큼의 가치가 있다는 확신을 얻을 수 있었던 것이다 상품에 대한 자신감이 생기자 고객의 거절에도 상처받는 일이 줄어들었다. 심지어 '이 좋은 제품을 몰라보다니 안타깝네'라는 마음마저 들기 시작했다. 그렇게 몇 개월이 흘렀을 즈음 A는 슬슬 눈에 띄게 실적이 좋아졌고, 몇 년이 흐른 후에는 어느새 팀장의 자리에 올라 있었다.

영업자는 '자신'이 아니라 '제품'을 믿어야 한다

A가 뾰족한 해법을 찾아냈던 것은 아니다. 그저 해야만 하니까 하다보니 조금씩 경험이 쌓이고 노하우가 축

적되면서, 실적과 성과로 이어졌을 뿐이다. 내성적이고 소심하던 성격에도 여유와 능청스러움이 추가되기도 했다. 소심한 성격이 영업에 걸림돌이 될 수는 있지만 학습과 경험을 통해 얼마든지 극복할 수 있다.

그리고 또 한 가지 중요한 포인트는 그가 제품에 대한 의구심을 지우고 확신을 품은 순간, 그의 영업이 날개를 달았다는 것이다. 이것은 영업맨에게 시사하는 바가 크다. 영업자에게 필요한 자신감은 스스로에 대한 믿음보다는 제품에 대한 믿음이어야 하기 때문이다. 영업자는 '자신'이 아니라 '제품'을 믿어야 한다. 제아무리 자신감이 넘치고 적극적인 사람이라도 판매하는 상품에 대한 확신이 없다면 설명이 장황해지면서 방향을 잃기 마련이다. 반면 아무리 내성적이고 소심한 사람이라도 상품에 대한 확신이 있다면 고객을 설득할 힘과 명분을 얻기 마련이다. 즉 제품과 서비스에 대한 자신감이 있다면, 성격은 큰 문제가 되지 않을 것이다.

내 주변에도 A 같은 사례는 생각보다 많다. 지인의 친구 두 명이 같은 보험회사 영업소에 입사한 적이 있다. 한 사람은 매우 외향적 성격의 소유자요, 다른 사람은 내성적 성격의 소유자였다. 보험회사 영업은 만만치 않은 일이므로 누가 봐도 전자가 잘할 것이라 생각했다. 그런데 2년이 지난 후 결과는 전혀 달랐다. 외향적인 친구는 적응에 실패해 보험회사를 그만두었으나 내성적인 친구는 계속 보험회사 영업소에 근무하고 있었다. 게다가 10여 년이 지난 후 수년간 영업소 근무에 성공하여 내근직으로 자리를 옮겨가기까지 했다. 이즈음 그를 만나본 결과, 그는 여전히 내성적인 성격이었으나 전과 달리 매우 자신감이 넘쳤다. 상품에 대한 믿음을 바탕으로 더디지만 꾸준히 노력과 경험을 쌓으며 자신을 단단하게 다진 덕분이었다.

'성격'을 바꿀 수 없다면 '방법'을 바꿔라!

영업에서는 '타고난 성격'보다 '다져진 성격'이 중요하다고 했지만, 아무리 노력해도 변화가 어려운 사람도 분명 있을 것이다. 그렇다면 어떻게 해야 할까? 그런 사람은 아예 영업을 포기해야 하는 걸까? 물론, 그렇지 않다. 도저히 성격을 바꿀 수 없다고 생각된다면, 답은 하나다. 바로 '방법'을 바꾸는 것이다.

C는 촌스러운 외모와 행동의 소유자였다. 말수도 석고 성격도 매우 조용한 편이었다. 그런 C가 자동차 영업을

하겠다고 영업소에 찾아왔을 때, 그를 본 사람들이 '저 촌스러운 사람이 세련된 자동차를 한 대라도 팔 수 있을까' 하는 의구심을 품은 것은 어찌 보면 당연한 일이었다. 아니나 다를까. 그는 고객 앞에서 늘 더듬거리기 일쑤였고, 실적은 남의 이야기였다. 선배들은 그에게 먼저 말투부터 바꿔라, 표정을 밝게 해라, 성격을 고쳐라 하며 온갖 조언을 했지만, 그게 쉬웠다면 진작 했지 않겠는가. 제아무리 노력해도 바뀌지 않는 성격 탓에 C가 고민하는 사이, 하루하루가 지나갔고 그는 영업을 그만둬야 할 위기에 처했다.

그런데 얼마 후 놀라운 일이 일어났다. 좀처럼 실적을 내지 못하던 C가 실적을 올리기 시작한 것이다. 물론 아주 뛰어난 실적은 아니었지만, 미미하나마 꾸준하게 이어진다는 점에서 사람들은 모두 놀라워했다. 그에게 무슨 일이 일어났던 걸까? 그의 어눌한 말투와 조용한 성격은 예전 그대로였는데 말이다.

C의 영업소 소장은 C의 예상치 못한 실적이 궁금해 영업 현장에 동행했지만 딱히 별다른 것은 없었다. C는 고객을 만나서 그저 커피만 마실 뿐이었다. 그런데 어떻게 실적을 낼 수 있었던 걸까? C가 털어놓은 비밀은 다음과

같았다. 그는 고객으로부터 수많은 거절을 당하면서 위축되었고, 점점 사람을 만나는 일이 두려워졌다. 영업맨들은 만 명의 고객을 만나야 한다지만, 자신의 성격상 만명은 고사하고 천 명도 만나기 힘들다는 생각이 들었다. 아무리 많이 만난다 한들 고객들이 지금처럼 자신을 답답해한다면 소용없다는 생각도 들었다. 그때 불현듯 한 고객의 이야기가 스쳐지나갔다.

"사실 제가 좀 소심한 편이서 사람들을 만나는 게 부담스럽거든요. 그런데 C씨는 만나면 왠지 편안하네요."

C처럼 내성적인 성향이었던 고객이 했던 말이었다. 대부분의 영업맨들은 친절하고 적극적인 태도로 고객에게 다가간다. 그런 자세가 호감을 불러일으킬 가능성이 높은 것은 사실이다. 하지만 모든 고객이 적극적인 태도를 선호하는 것은 아니다. 위의 고객처럼 내성적이거나 소심한 사람은 상품에 관심이 있더라도 영업맨의 부담스러운 '들이댐'에 발길을 돌리기도 한다. 말수도 적고 행동도 조심스러운 C는 이러한 고객들에게는 오히려 편하게 상담할 수 있는 대상이었던 것이다. 이를 간파한 C는 그때부터 자신과 비슷한 성향의 고객을 찾아다녔다. 물론 사람들이 얼굴에 '나 소심함' '나 내성적임'이라고 써 붙이고 다니는 게 아니었기에, 그런 사람을 찾는 일이 쉬운

것은 아니었다. 하지만 주변 사람의 소개나 커뮤니티 활동 등을 통해 수단과 방법을 가리지 않고 자신과 비슷한 성격의 사람들을 찾아다녔고, 그들을 상대로 영업을 한 결과 꾸준한 실적을 올리게 된 것이었다.

'어쩌지' 대신에 '어쩔까'

대부분의 영업맨들은 입사하면 소위 영업교육이라는 것을 받는다. 그런데 그 교육이라는 것이 사실은 영업에 성공한 상위 1퍼센트의 영업맨들이 했던 방법이다. 문제는 모든 사람이 다 이들과 같은 능력을 가진 것은 아니기 때문에 따라하기 벅차다는 데 있다. C 역시 처음엔 뱁새가 황새 쫓아가듯 그러한 방법을 따라가다가, 수많은 거절을 통해 자신만의 방법을 발견해낸 것이다.

최근 일본에서 '무언無言 접객 서비스'가 등장해 화제에 올랐다. 혼자 천천히 물건을 둘러보고 싶은데, 말을 걸며 도와주려는 점원 때문에 부담을 느끼는 고객들을 위한 서비스다. 고객이 매장 입구에 비치된 파란색 가방을 들고 쇼핑하면, 점원들은 그에게 말을 걸지 않는다고 한다. 우리나라에서도 한 화장품 브랜드 매장이 비슷한 서비스를 도입했다. 매장 입구에 '혼자 볼게요' 바구니와 '도와주세요' 바구니를 비치해, 별다른 요청 없이도 고객이 원하는 서비스를 받을 수 있도록 한 것이다. 자신과 비슷한 내성적인 성향의 사람들을 대상으로 영업한 C의 전략은 '무언 접객 서비스'와 맥을 같이한다고 할 수 있다. 고객의 성향과 니즈를 파악해 그에 맞는 맞춤형 서비스를 제공한 것이기 때문이다.

한번 생각해보자. 지금껏 '거절당하면 어쩌지'라는 걱정에 시도조차 하지 않고 포기하지는 않았는가? '싫어하면 어쩌지'라는 두려움에 주눅들고 자신감 없는 태도로 상대를 대하지는 않았는가?

만약 그랬다면 지금부터라도 변화가 필요하다. 물론 당장 성격을 뜯어고치는 일이 쉬울 리 없다. 걱정과 근심이 단번에 사라질 리도 만무하다. 그래도 괜찮다. 생쥐도 궁지에 몰리면 고양이를 문다는 말이 있다. 수많은 거절 앞에서 코너에 몰리게 되면 부족한 영업맨도 기발한 방법을 생각해내기 마련이다. C 역시 코너에 몰린 상태에서 자신만의 방법을 발견하여 실천에 옮긴 결과 살아남은 대표적 케이스라 할 수 있다.

다음의 이야기를 주문처럼 외워도 좋겠다. 저명한 컨

설턴트이자 세계적인 베스트셀러 『게으르게 사는 즐거움』의 저자 어니 J. 젤린스키는 걱정과 관련해 다음과 같이 조언한다.

> 걱정의 40퍼센트는 절대 현실로 일어나지 않는다.
> 걱정의 30퍼센트는 이미 일어난 일에 대한 것이다.
> 걱정의 22퍼센트는 사소한 고민이다.
> 걱정의 4퍼센트는 우리 힘으로 어쩔 도리가 없는 일에 대한 것이다.
> 걱정의 4퍼센트는 우리가 바꿔놓을 수 있는 일에 대한 것이다.

그렇다. 우리 힘으로 어쩔 도리가 없는 일은 고작 4퍼센트뿐이다. 그런데 그 4퍼센트에 발목이 잡혀 아무것도 하지 못한다면 그처럼 안타까운 일이 어디 있겠는가. 걱정을 하지 말라는 이야기가 아니다. 거절당할 두려움이 밀려들어도 한걸음, 실패할지 모른다는 불안함에 휩싸여도 한걸음, 계속 방법을 강구하며 정진하다보면 어떻게든 앞으로 나아갈 수 있다는 이야기를 하는 것이다. '어쩌지'라는 근심과 걱정을 '어쩔까'라는 고민과 실행으로 바꿀 때, 도저히 길이 보이지 않을 것 같던 당신에게도 새로운 문이 열릴 것이다.

'어쩌지'말고 '어쩔까!'
걱정은 그만두고 방법을 바꿔라.

중요한 것은 '타고난' 성격보다 '다져진' 성격이다.
경험이 부족하면 경험을 쌓으면 된다.
성격을 바꿀 수 없다면 방법을 바꾸면 된다.
누구에게나 자기에게 맞는 방법이 있다.
차근차근 하나씩 바꿔나가다 보면
어느새 새로운 방법이 보일 것이다.

"자, 직장인이라면 이게 필수품이죠."
저 취준생인데요?

Q는 지나치게 자의식이 강한 사람이었다. 하루는 TV에서 한 가수가 나와 인간으로서는 불가능해 보이는 가성으로 노래 부르는 모습을 보고 전율을 느꼈다. 당장 자기도 저렇게 되고 싶다는 강한 충동을 느꼈다. 그때부터 Q는 자기의 목소리 대신 그 가수의 목소리를 흉내 내는 연습을 계속하였다. 그리고 무대에 서서 노래를 부를 때 관객들이 환호하는 꿈을 꾸었다.

거의 8년간이나 연습을 하다보니 어느새 자신의 수준이 그 가수의 수준과 비슷해졌다는 생각이 들었다. 이 정도라면 가수가 되어도 손색이 없다는 생각이 가득했다.

그래서 Q는 오디션에 응모하기 시작했다. 그는 심사위원 앞에서 정말 최선을 다하여 가성을 토해내었으나 심사위원은 고개를 절레절레 흔들었다. Q는 뭔가 잘못된 것이라 생각했으며 그 심사위원이 자기를 알아주지 못하는 것이라 생각했다.

'아니, 이렇게 완벽한 가성을 내는데 왜 불합격이라는 거야? 귀가 막힌 거 아니야?'

Q는 가수가 되려는 생각밖에 없었으므로 대학을 졸업하고도 취직을 뒤로한 채 오디션에 도전하는 일만 계속했다. 심사위원들은 한결같이 다른 길을 알아보라 했지만, Q는 아직 자신을 알아주는 심사위원을 못 만났기 때문이라 생각하며 도전하는 일을 멈추지 않았다.

Q의 이야기를 보며 어떤 생각이 드는가? Q는 이후 실제로 TV 오디션 프로그램에도 몇 번 모습을 드러낸 적도 있다. 하지만 Q의 노래를 듣는 순간 누구나 '가수는 아니다'라는 생각을 할 실력 정도였다. 그런데 그는 왜 이렇게 자기만의 세계에 갇혀 무모한 도전을 계속하는 것일까?

이런 Q의 모습이 어쩌면 현대인의 자화상일 수도 있다는 생각이 드는 것은 왜일까. 정도의 차이만 있을 뿐

자기 세계에 갇혀 사는 사람들이 너무도 많기 때문이 아닐까 싶다. 영업맨 중에도 이런 사람이 많다. 오직 자신이 판매하는 제품과 서비스에만 함몰돼, 정작 고객의 사정이나 마음은 헤아리지 못하는 사람 말이다.

"왜 내 인생에만 이렇게 빨간불이 많은 거야!"

그야말로 아우성을 넘어 함성 수준이다. 모두가 힘들어 죽겠다는 절규의 함성이 여기저기서 들린다. 젊은이들은 취업 구멍 뚫기가 너무 힘들다 하고, 회사의 영업사원들은 갈수록 물건 팔아먹기 힘들다 한다. 영업직 아닌 일반사원들도 힘들기는 마찬가지다. 불황이라며 위기 탈출을 위한 새로운 아이디어를 내라는데 고민해서 기획안을 올려도 거절당하기 일쑤다. 눈을 돌려 자영업을 하는 사람들의 상황을 살펴보면 더욱 첩첩산중이다. 대부분의 자영업자들이 열 시간 넘는 노동에 시달리면서도 타산이 맞지 않아 실패할까봐 떨고 있다. K의 경우도 그렇다.

처음부터 K의 인생이 꼬인 것은 아니었다. 그는 모두가 부러워하는 공기업에 다녔으니 말이다. 그때만 해도 K는 남부럽지 않은 월급을 받는 안정적인 직장에 다닌다는 이유로 친구들의 부러움과 시샘을 한몸에 받았다. 일이 꼬이기 시작한 건, 그가 노조활동을 시작하면서부터였다. 점점 회사의 눈 밖에 나다가 결국 어떤 사건에 휘말려 회사를 그만둬야 했다.

그래도 K는 자신이 있었다. 퇴직금을 모두 쏟아 부어 제법 번듯한 옷가게를 시작했고, 이것으로 직장 다닐 때보다 더 많은 돈을 벌어보겠다는 꿈을 꾸기도 했다. 처음에는 장사가 잘되는 것 같았다. 그런데…… 날이 갈수록 가게를 찾는 발길이 하나둘 줄어들기 시작하더니, 어느 날은 하루 동안 딱 두 명만 온 적도 있었다. 심지어 한 명은 며칠 전 산 옷을 환불하러 온 것이었고, 나머지 한 명은 옷을 잔뜩 입어만보더니 빈손으로 나갔다.

이때부터 K의 인생은 그야말로 곤두박질이었다. K는 아침부터 밤늦게까지 가게에 매달리며, 열심히 노력해봤지만 늘어가는 건 빚과 눈물뿐이었고 시작한 지 딱 1년 만에 옷가게를 접어야 했다. 정신차리고 보니 퇴직금은 물론이고, 직장 다니면서 사놓은 집까지 모두 날아가버렸다. 게다가 감당하기 힘든 빚까지 쌓여있었다. 아내는 몸져누운 지 이미 오래였고, 각각 고등학교와 중학교에 들어간 아이들의 학비를 생각하면 현기증으로 아찔해졌다.

'이렇게 한순간에 나락으로 떨어지다니…… 앞으로 어

떻게 살아야 하나.'

절망에 허덕이던 K는 극단적인 생각을 하기도 했으나, 부모님과 형제들의 도움으로 다시 작은 옷가게를 시작할 수 있었다. 이번에는 정말 잘해보겠다고 다짐했지만, 여전히 사정은 녹록치 않았다. 아무리 옷을 단정하게 정리해서 진열하고, 가게를 깨끗이 치워봐도 손님이 찾지 않았다. 간혹 찾아온 손님에게 성심성의껏 응대해도, 실제 구매로 이어지는 경우는 극히 적었다. 도대체 무엇이 문제인지, 왜 아무리 열심히 일해도 사정이 나아지지 않는지, K는 막막하기만 했다.

'왜 다른 사람들 인생엔 늘 파란불만 켜 있는 것 같은데, 내 인생은 늘 이렇게 빨간불만 켜 있는 걸까.'

그러던 어느 날이었다. 평소 친하게 지내던 이웃 식당의 주인이 옷을 한 벌 사겠다며 찾아왔다. K는 고마운 마음에 가게에서 가장 품질도 좋고 디자인도 예쁜 옷을 적극 추천하며, 제품의 장점을 상세히 설명해줬다.

"이게 방수도 잘되고, 디자인도 세련되어서 활용도가 여러모로 높은 옷이야. 외출할 때 편하게 걸치기 좋은 옷이라고. 어때? 괜찮지?"

그런데 어쩐 일인지 식당 주인은 별다른 반응 없이 행

거에 걸린 다른 옷들에 계속 눈길을 주는 것이 아닌가.

"아니, 내가 진짜 제일 좋은 제품을 추천하는 거라니까. 다른 건 볼 필요없어."

K의 권유가 이어지자 가만히 듣고 있던 식당 주인이 입을 열었다.

"음. 생각해보게. 내가 주말도 없이, 새벽부터 밤까지 가게에서 일하는데 외출할 일이 뭐가 있겠나. 나는 일할 때 움직이기 편하면서도 손님들이 봤을 때 단정하고 깔끔해 보이는 옷이 필요한 거야. 근데 자네는 어떤 옷을 찾느냐는 제일 기초적인 질문도 하지 않는군."

그때 K는 머리를 한 대 얻어맞은 기분이었다. 왜 그동안 그렇게 열심히 했는데도, 장사가 잘되지 않았는지 그 이유를 알 것 같았다. 그간 그는 손님들에게 어떤 옷을 찾는지 물어본 적이 없었다. 그저 자신이 생각하기에 좋은 옷만 열심히 추천했을 뿐이다.

가능+불가능=100

'희망 전도사'로 유명한 송진구 교수는 저서『포기 대신 죽기 살기로』에서 '희망+절망=100'이라는 공식을 내

세운다. 사람들은 희망이 0, 절망이 100인 상태가 되었을 때 더이상 살아가야 할 이유를 찾지 못하고 극단적인 선택마저 하게 되는데, 이때 단 1퍼센트의 희망만 있어도 어떻게든 살아갈 수 있다는 주장이다.

이를 변주해 '가능+불가능=100'이라는 공식을 만들어보고 싶다. 가능성이 단 1퍼센트라도 있다면 절대 포기해서는 안 된다. 누구나 처음에는 가능성을 보고 영업에 뛰어들지만, 한 번 거절당할 때마다 가능성이 1퍼센트씩 줄어드는 기분일 것이다. 수많은 거절을 당하다보면 어느덧 가능성이 0이 되어, 영업을 포기하게 된다. 나는 이렇게 영업 현장을 떠난 무수한 사람들을 기억한다. 정말 영업이 자신의 길이 아니라고 판단된다면 빨리 다른 길을 찾는 편이 나을 것이다. 하지만 포기하기 전에 한 번만 더 생각해봤으면 좋겠다. 아직 1퍼센트의 가능성이 남아 있는데, 지레 섣부른 판단을 한 것은 아닌지, 그저 거절당하는 게 힘들고 괴로워 도망가려는 것은 아닌지 말이다.

내가 처음 영업의 세계에 문을 두드렸을 때의 이야기를 해보자. 사실 나는 영업맨으로 사회생활을 시작한 것은 아니었다. 첫발은 현대자동차 기술연구직이었다. 고등학교 졸업장만으로 대기업에 입사한 것은 감지덕지한 일이었으나, 일을 하면 할수록 알 수 없는 답답함이 나를 옥죄었다. 지긋지긋하게 가난했던 어린 시절을 보냈기에 '나도 한번 잘 살아보고 싶다'는 열망이 컸는데, 다달이 정해진 월급만 받아서는 그 꿈을 이루기 어렵다는 현실적인 절망감이 답답함의 원인이었던 것 같다. 결국 오랜 고민 끝에 리스크가 크지만 그만큼 성공의 가능성도 높은 영업직으로 방향을 틀었다. 모두가 미친 짓이라며 말렸지만, 가진 것 없는 내가 성공할 수 있는 방법은 이 길뿐이라는 생각이었다.

굳은 결심과 당찬 포부를 안고 뛰어든 영업의 길, 첫 영업 상대는 지인의 부친이었다. 주변의 만류에도 불구하고 영업에 도전한 용기를 응원했던 건지, 아니면 무모함이 안쓰러웠던 건지, 지인이 그의 부친에게 친히 부탁해 만남의 자리를 주선한 것이다. 며칠간 잠도 자지 않고 연습, 또 연습했다. 카탈로그에 실린 자동차의 사양과 특징, 장단점을 줄줄 외는 것은 물론, 상대와 나눌 대화도 1인 2역을 맡아 시뮬레이션했다. 그리고 마침내 미팅 당일, 그가 경영하는 회사로 찾아간 나는 미리 준비한 설명을 줄줄 풀어냈다.

"이 차로 말씀드릴 것 같으면 해외 유명 자동차 디자이너의 컨설팅을 받은 세련된 디자인이 가장 큰 특징으로, 연비 역시 기존의 어느 자동차보다 뛰어나고……"

하지만 설명을 끝내기도 전에 나는 이미 거절을 준비하고 있는 상대의 눈빛을 보고야 말았다. 그렇게 나의 첫 시도는 실패로 끝나고 말았다.

첫 거절의 경험은 부푼 꿈도, 당찬 포부도 모두 사라지게 만들어버렸다. 기대와 열정이 컸던 만큼 실망과 좌절도 컸고, 그 상처는 쉽게 극복되지 않았다. 자신감도 열정도 사라졌으니 이후 영업도 죽을 쑤기는 당연지사. 주변 사람들을 통해 몇 번의 미팅이 더 마련됐지만, 번번이 거절로 끝나고 말았다. 그때처럼 내 자신이 한심하고 싫은 적이 없었을 것이다.

'영업 잘하는 사람들은 화성에서 오기라도 한 것일까? 그렇다면 영업은 정말 타고난 사람만 할 수 있는 특수 분야인 것일까? 도대체 왜 나는 영업을 못하는 걸까?'

결국 해서는 안 되는 일을 하고 말았다. 연구소에 있을 때 나를 아껴주던 상사에게 전화를 건 것이다. 몸이 좋지 않아 영업을 계속하기 어렵다는 거짓말까지 하며, 다시 연구소로 돌아갈 수 있게 해주면 몇 배 더 열심히 일하겠다고 약속했다. 그런데 당연히 받아주리라 생각했던 상사가 예상치 못한 답을 내놓았다.

"이렇게 돌아오는 건 자네에게도, 회사에도 좋지 않아. 돌아오더라도 거기서 성과를 보인 후 돌아오라고. 지금 오면 비웃음만 사기 십상이야."

그제야 정신이 번쩍 들었다. '영업은 아무나 하는 줄 아나' 하는 의심의 눈빛으로 바라보던 연구소 동료들의 표정이 떠올랐다. 그들을 보면서 '기필코 성공해 보이겠다'고 이를 악물었던 것이 불과 얼마 전의 일이 아니던가. 다시 용기를 내야 했다. 어떻게든 방법을 찾아야 했다. 하지만 쉽지 않았다. 정말이지 한동안은 정신적 고통으로 인해 입맛조차 없었다. 2~3개월이 지나면서 체중이 눈에 띄게 줄었고, 신경도 날카로워졌다. 말로만 듣던 오장육부가 뒤틀리는 고통을 직접 체험하기도 했다. 설상가상, 생활고 역시 나를 짓눌러왔다. 영업은 사무직과는 완전히 달랐다. 사무직은 내가 성과를 올리든 올리지 못하든 정해진 월급이 꼬박꼬박 나왔지만, 영업은 기본급 외에는 모두 성과급이었기에 성과가 없는 달은 들어오는 액수가 월급이라고 말하기에 민망하기 그지없는 수준이었다.

앞서 '가능+불가능=100'이며, 단 1퍼센트 가능성이라도 있다면 포기해서는 안 된다고 서창하게 말하긴 했지만, 사실 나도 과거에는 나의 가능성이 '0'인 것만 같아서 좌절했다. 하지만 '살기 위해' 어떻게든 1의 가능성을 찾아야 했다. 무슨 수를 쓰더라도 방법을 강구해야 했다.

내가 첫 영업에 실패한 이유

'어떻게 해야 할까. 어떻게 하면 영업을 잘할 수 있을까.'

매일 밤 잠자리에 누워서도 잠들지 못한 채 고민하길 몇 개월, 불현듯 첫 영업 상대였던 지인의 부친이 떠올랐다. 사실 그는 "미안하지만 차를 구매하기 어렵다"는 이야기 뒤에 "그런데 자네는 당분간은 차를 팔기 어려울 것 같군"이라는 일종의 예언을 덧붙였다. 그때는 거절당했다는 충격에만 빠져 흘려들었거니와 한편으로는 '안 사면 그만이지, 무슨 악담을 하나' 하는 심기마저 들어 사무실을 나서자마자 잊어버렸는데, 몇 개월이 지난 시점에서야 그 말이 갑자기 머리를 스친 것이다. 다음날 무작정 그의 사무실을 찾아가서는 다짜고짜 물었다.

"제가 찾아뵈었을 때 차를 구매하실 계획을 갖고 계셨다고 알고 있습니다. 그런데 왜 저랑 계약하지 않으셨나요? 제가 소개해드린 차들이 마음에 들지 않으셨던 건가요? 그리고 저한테 당분간 차를 팔기 어려울 것 같다는 말씀도 하셨는데, 혹시 저한테 무슨 문제가 있었던 건가요? 제가 실수를 했습니까?"

당장 내 코가 석자다보니 오랜만에 만나 안부인사도 건네지 않고 질문을 쏟아냈다. 내 사정을 아들을 통해 들었던 것인지, 그는 불쾌한 기색 없이 차분히 듣더니 곧 입을 열었다. 그때 그가 들려준 대답은 무척 뜻밖이었다.

"자네가 소개해준 차들은 모두 훌륭했네. 자네 설명도 흠잡을 데 없었고."

"그런데 왜…… 왜 사지 않으셨습니까?"

"자네가 실수를 했냐고 물었나? 실수라면 실수라고 할 수 있겠군. 자네가 권한 차들은 모두 훌륭했지만, 내가 원하는 차는 아니었거든. 자네는 자네가 파는 차의 성능을 속속들이 꿰고 있었지만, 정작 고객인 나의 상황이나 마음에는 전혀 관심이 없더군."

그랬다. 며칠 밤을 새워가며 열심히 공부한 것은 오직 내가 파는 상품이었을 뿐, 이 차를 살 고객에 대해서는 아무런 연구도 하지 않았다. 나의 문제는 상품에 대한 지식과 정보는 갖추었으나 상대와 소통하는 방법을 몰랐다는 데 있었다. 그의 말을 듣고 곰곰이 생각해보니 이후의 영업에서도 늘 자동차의 성능과 품질만 자랑하기 바빴지, 이 차가 상대에게 필요한 것인지 아닌지에 대해서는 고려한 적이 없었다. 고객에게 중요한 것은 '좋은 차'가 아니라 '필요한 차'라는 사실을 몰랐던 것이다. 그야말로 사력을 다해 헛발질만 계속했던 셈이다.

이후 나의 영업방식은 180도 바뀌었다. '상품'이 아닌 '고객'에 집중하기 시작한 것이다. 당시 공구상가를 돌던 나는 너무 오래되어 바꿀 때가 된 화물차가 세워져 있는 상가를 공략했다. 화물차 기사들과 커피 한잔을 마시며 잡담을 나누면서 그가 현재 몰고 있는 차의 어떤 점을 불편해하는지, 어떤 점을 좋아하는지를 면밀히 파악했다. 그리고 마치 고민 상담을 해주듯, 어떤 차가 그에게 맞을지 어떤 차를 몰면 좀더 편할지를 틈틈이 조언해주곤 했다.

그러던 어느 날 상가 사장 중 한 명이 "여기 와보게!" 하고 나를 불렀다. 반가운 마음에 달려가니 "화물차가 너무 낡아버려서 이제 시동도 안 걸리네. 바꿀 때가 됐나봐. 전에 자네가 이야기했던 차가 괜찮은 것 같았는데, 뭐였지?"라고 묻는 것이 아닌가. 그날 나는 영업을 시작한 이후 처음으로 실적을 올릴 수 있었다.

'반감'을 '호감'으로 돌린 기저귀 회사의 비결

P는 대학 졸업 후 아이들 교육용 교구를 방문판매하는 일을 하게 되었다. 3일간 영업교육을 받은 후 현장 영업에 투입된 그는 먼저 아파트 단지를 공략하기로 했다. 아무래도 형편이 좀 넉넉한 사람들이 쉽게 지갑을 열지 않을까라는 기대에서였다. 하지만 방문자로 가장해 수위실을 통과하고 안도한 것도 잠시, 집집마다 돌면서 초인종을 눌러봤지만 낯선 이방인에게 문을 열어주는 사람은 아무도 없었다.

그렇게 P는 끼니도 거르며 하루 종일 돌아다녔으나 단한 개의 교구도 팔지 못한 채 뉘엿뉘엿 넘어가는 해를 처량한 모습으로 바라봐야 했다. 그대로 회사로 돌아가는 것은 무척 자존심이 상했으나 어쩔 수 없는 노릇이었다. 그래도 내일은 나아지겠지, 하는 희망이라도 있으니 다행이었다.

하지만 다음날도 또 그 다음날도 상황은 달라지지 않았다. '아, 나는 안 되는 걸까.' 포기하고 싶은 마음이 들었으나, 남자가 칼을 뽑았으면 무라도 썰어야겠다는 생각에 마지막으로 아이들이 노는 놀이터를 찾았다. 아이들에게 교구를 보여주자 모두 관심을 보였다. 그때 한 아이가 자신을 데리러 온 엄마에게 교구를 사달라고 조르기 시작했다. 이때다 싶었던 P가 한마디를 보탰다.

"아이가 이렇게 좋아하는데, 하나 사주시죠."

그러자 아이의 엄마는 싸늘한 눈빛으로 P를 쳐다보더니 일언반구도 없이 아이를 데리고는 쌩 하니 집으로 가버렸다.

P의 영업 방식에서 무엇이 잘못된 걸까? 그것은 고객을 제대로 파악하지 못했다는 데 있다. 교구를 '이용'할 사람은 아이이지만, '구매'할 사람은 엄마다. 아무리 아이들의 환심을 사봤자 엄마들의 마음을 얻지 못하면 소용없다. 그래서 처음엔 집집마다 돌아다니지 않았느냐고? 요즘처럼 흉흉한 때에 이방인을 옳다구나, 하고 집에 들일 사람은 없다. P가 자신의 고객이 '엄마들'이라는 사실을 제대로 파악했다면, 엄마들이 모이는 곳을 찾았어야 한다. 백화점 문화센터 같은 곳 말이다. 이는 엄마들의 심리를 활용한 전략이기도 한다. 다른 엄마들이 아이들에게 해주는 건 자신도 해주고 싶은 엄마의 마음, 이 엄마의 심리를 파악했다면 당연히 엄마가 혼자 있는 곳보다 엄마들이 모여 있는 곳을 찾아야 했다. 즉 P는 고객을 제대로 파악하지 못했을 뿐 아니라, 고객의 심리와 사정도 헤아리지 못하는 '불통'으로 인해 곤란을 겪은 것이다.

이런 P에게 귀감이 될 만한 사례가 하나 있다. 『반감 고객들』이라는 책에는 세계적 기저귀 생산업체인 P&G가 일본 시장에 진출하면서 '팸퍼스 기저귀'라는 야심찬 제품을 내놓는 이야기가 등장한다. 당시 일본 기저귀 시장을 점유하고 있었던 유니참에 비해 품질과 가격에서 절대 뒤지지 않는 제품이라 내심 상당한 기대를 걸었던 P&G는 일본의 젊은 엄마들을 대상으로 팸퍼스 기저귀가 얼마나 우수한 제품인지 설명하는 마케팅에 열을 올렸으며, 팸퍼스 기저귀의 우수성을 알려주는 다양한 과학적 실험을 보여주기도 했다.

그런데 예상치 못한 일이 벌어졌다. 일본의 젊은 엄마들이 기저귀에 대해 무관심한 태도를 보인 것이다. 이대로 가다간 팸퍼스 기저귀의 실패는 불 보듯 뻔한 상황이었다. P&G의 마케팅 관계자들은 재빨리 원인 파악에 나서 고객들에게 왜 팸퍼스 기저귀를 외면하는지를 물었으나 이상하게도 특별한 이유는 나오지 않았다.

도대체 이 난관을 어떻게 풀어야 할까? 코너에 몰린 팸퍼스의 마케팅 관계자들은 아예 일본 엄마들 속으로 들어가보기로 결정했다. 그녀들과 함께 시간을 보내다보면 속마음을 발견할 수 있을 것이라 생각했던 것이다. 그결과 마케팅 관계자들은 사소한 불만 하나를 발견하기에 이른다. 바로 팸퍼스 기저귀의 고무줄 부분이 너무 단단히 조인다는 것이다. 하지만 이것은 팸퍼스 기저귀로서는 억울한 부분이 아닐 수 없었다. 다른 나라에서는 이 조이는 부분이 단단하여 엉덩이를 받쳐주는 역할을 하므로 더 인기를 끌게 해주었기 때문이다. 그럼에도 불구하고 일본의 젊은 엄마들 생각은 달랐다. 안정성보다 아기의 피부가 더 중요하다는 것이었다. 그리고 아무리 아기피부에 문제가 없다고 주장해도 이미 발개진 아기 피부를 볼 때 안심할 수 없다는 주장이었다. 결국 팸퍼스 기저귀 마케팅 팀은 새로운 결심을 하기에 이른다. 일본의 젊은 엄마들 요구에 맞게 제품을 개선하기로 결정한 것이다. 그렇게 개선된 팸퍼스 기저귀가 출시되었고 그제야 기저귀는 불티나게 팔리기 시작했다.

P&G의 사례는 영업과 홍보, 마케팅에서의 소통에 대해 중요한 시사점을 제공한다. 흔히 영업에서 소통이라고 하면, 화려한 언변과 신뢰감 주는 태도로 고객의 마음을 사로잡는 것을 생각한다. 고객과 마치 오랜 친구처럼 편안하고 자연스럽게 이야기하는 것이 소통이라고 여기기도 한다. 물론 모두 중요한 부분이기는 하다. 하지만 화려한 언변이나 친근한 태도는 소통을 잘하기 위한 기술 중 하나일 뿐 소통의 본질은 아니다.

영업맨이라면 명심해야 할 사실은 고객과 대화를 잘, 오래 나눈다고 해서 소통을 잘하는 것이 아니라는 점이다. 고객이 말하지 않은 진심을 알아차리는 세심함, 고객이 원하는 것을 파악하는 예리함, 고객의 사정과 상황을 헤아리는 배려야말로 진정한 소통이라 할 수 있다. 고객이 말하지 않았지만 원하는 것을 간파해내고 이를 정확히 제안함으로써 거래를 성사시키는 것, 그것이 바로 영업에서의 소통이다.

만약 당신이 판매하는 제품이나 서비스에 대해 전문적인 지식과 정보를 갖추고 있고, 적극적이고 외향적인 자세로 영업에 임하는데도 줄곧 거절을 당한다면, 혹 고객과 소통할 줄 모르는 '불통형'은 아닌지 스스로 점검해볼 필요가 있다.

입을 닫을 때 일어나는 일, 적극적 경청의 기술

L은 같이 입사한 여덟 명의 동기생들 중 단연 두각을 보이는 친구였다. 자신감 넘치는 표정에 항상 당당함이 묻어나 있었다. 알고 보니 그는 이미 경쟁사에서 2년여의 경력을 쌓은 친구였고 그래서인지 영업교육 때 이미 자동

차 영업의 기초 정도는 다 알고 있는 듯한 자신 있는 표정을 일관하기도 했다. 현장 영업을 나갔을 때, 예상대로 그는 동기들보다 먼저 실적을 내기 시작했다. 영업소에서도 당연히 기대를 걸고 그를 주목하지 않을 수 없었다.

그런데 얼마 지나지 않아 그의 약점을 드러나기 시작했다. 사람들을 대할 때 너무 잘난 척하는 것이다. 항상 자기 자랑을 하며 가르치려 들었다. 상대는 안중에도 없는 듯했다. 사람들은 그런 그의 오만함이 고객 앞에서도 이어진다면, 치명적인 단점이 될 것이라고 염려했다.

아니나 다를까. 그의 실적은 반짝 했을 뿐 점점 떨어지기 시작했다. 실제로 그의 교만한 태도가 고객 앞에서도 이어졌기 때문이다. 그는 고객의 상황에 대해서는 통 관심이 없고 오로지 자기 입장에서 차를 팔 생각만 했다. 이전의 경력을 토대로 초반에 몇 번의 거래를 성사시키긴 했지만, 그 고객이 다른 고객을 소개해주는 경우는 없었다. 영업이 잘 풀리지 않자 그는 서서히 꾀를 부리기 시작했다. 비오는 날은 비 온다고 영업을 나가지 않았으며 해가 쨍쨍한 날은 날씨 좋다며 놀러 다니기를 반복했다.

이제 L은 영업소 목표대수에도 한참 미치지 못하자 편법으로 눈을 돌렸다. 당시 새 차를 가상 명의로 출고시킨 후 그걸 조금 싼 값에 파는 식으로 실적을 올리려 한 것이다. 하지만 이런 편법이 오래갈 리 없었다. 그의 실적은 곧 바닥을 치게 되었고 더이상 영업을 할 수 없는 처지에까지 내몰리고 말았다.

　L은 왜 영업에서 실패하고 만 것일까? 아마도 그는 고객과의 만남에서 소통에는 신경도 쓰지 않았을 것이 분명하다. 그것은 평소 그의 태도를 보면 금방 읽을 수 있다. 그는 잘난 체하는 성격이 극에 달해 있었으며 상대는 안중에도 없는 태도를 자주 취했다. 그런 태도는 고객 앞에서도 이어졌으며 고객의 반응과 상관없이 제품 설명만 잔뜩 늘어놓기에 바빴다. 이런 상황에서 그가 아무리 제품 설명을 능수능란하게 하더라도 고객은 자신의 마음을 열 수가 없는 것이다. 자신의 입장은 전혀 고려하지 않은 그의 설명을 듣고 싶어할 리가 없다.

　소통을 위해서는 입을 닫아야 한다. 아니, 입을 닫고서 어떻게 영업을 하란 말이냐고? 물론, 계속 닫고 있으라는 뜻은 아니다. 먼저 귀를 열어 고객의 이야기를 충분히 듣고, 마음을 열어 상대의 상황을 제대로 이해한 후, 그때 입을 열라는 것이다. 소위 말하는 '적극적 경청'이다.

　세계 최고의 강연가이자 자기계발 컨설턴트로 꼽히는 브라이언 트레이시는 저서『끌리는 사람의 백만불짜리 매력』에서 "잘 듣는 것이 성공의 비결"이라고 강조하며, 적극적 경청의 몇 가지 기술을 소개한다. 정리해보면 다음과 같다.

첫째, 모든 행동과 말을 중지하고 상대의 말에 올인하라.

사실 '경청'은 무척 어려운 일이다. 입을 닫고 상대의 말을 들으려고 해도, 어느새 그의 말에 동의를 하거나 반박을 하는 등 내 입장을 펼치기 마련이다. 특히 설득과 설명이 주 업무인 영업맨 입장에서는 입을 닫고만 있기는 더욱 어렵다. 고객의 말을 듣고 있노라면 근질거리는 입을 참기가 여간 곤혹스러운 것이 아니다. 이와 관련해 트레이시는 "당신은 겨우 한마디만을 했을 뿐이지만 상대는 당신을 '말이 많은 사람' '타인을 배려할 줄 모르는 사람'이라고 생각해버린다"고 설명한다. 반대로 당신이 모든 행동과 말을 중지하고 상대의 이야기를 정말 열심히, 최선을 다해 들어주면 상대의 두뇌에서는 엔도르핀이 분비되면서 호감을 느끼게 된다고 한다.

둘째, 말을 가로채지 마라.

상대의 이야기가 잠시 끊기면, 영업맨은 대화를 이어가야 한다는 강박에 곧 입을 열곤 한다. 하지만 이때도 입보다는 귀를 열어야 한다. 트레이시는 이렇게 말을 참으면 세 가지 장점이 있다고 한다. 상대방이 생각을 정리하는 순간을 방해하지 않을 수 있고, 상대방에게 이 대화를 무척 중요하게 생각하고 있다는 인상을 전해줄 수 있으며, 상대방이 하는 말뿐 아니라 그 속뜻까지 온전히 이해할 수 있게 된다고 설명한다.

듣기 VS 들려주기, 소통의 무게중심

소통의 사전적 의미는 '서로 잘 통하는 것'이다. 어느 한쪽만 통하는 것이 아니라 서로 잘 통하는 것이 소통인 것이다. 소통의 반대말은 '불통'이다. 불통이란 서로 통하지 못하는 것이며 이때 어느 한쪽만 막혀도 절대 통할 수 없게 된다. 사실 많은 사람들이 소통의 중요성을 외치지만, 그 내막을 들여다보면 다른 사람의 이야기를 듣기 위해서가 아니라 내 이야기를 들려주기 위해서인 경우가 많다. 소통의 무게중심이 남이 아닌 나, 듣기가 아닌 들려주기에 쏠려 있는 것이다.

진정한 소통을 하기 위해서는 자기 위주의 생각에서 벗어나 상대의 마음과 행동을 읽고 이해하는 능력이 있어야 한다. 즉 상대의 처지에서 일어나는 일을 간접적으로라도 경험하여 지식을 쌓게 될 때 비로소 상대의 마음을 알 수 있게 되며 상대를 이해하는 힘도 생긴다. '적극적 경청'을 통해 상대의 눈에서 바라보고 상대의 입장에서 생각하며 상대의 언어로 이야기하는 것이 진정한 소통이 가능할 것이다.

소통할 때는 고객의 심리와
사정을 헤아려라

소통하기 위해서는 공부가 필요하다.
화려한 언변으로 마음을 사로잡기보다는
입을 닫고, 마음을 여는 '적극적 경청'을 하자.
그러면 고객을 제대로 이해할 수 있을 것이고
상대방과 진정한 소통이 가능할 것이다.

"이게, 진짜 좋아요. 정말 좋거든요."
그러니까 뭐가 좋은데요?

지식과
정보 없이 그럴싸한
말만 늘어놓는,
떠버리형

한가한 오후, 한 자동차 영업소에 30대 후반으로 보이는 남자가 들어섰다. 자동차 하나하나를 주의 깊게 살피는 시선을 보고 그가 아이쇼핑을 하러 온 고객이 아니라는 판단을 한 E가 그에게 다가섰다. E는 제법 오랜 경력의 베테랑 영업맨이었다.

"안녕하세요, 관심 있는 차가 있으신가요?"

"네, 이번에 출시된 하이브리드 차 좀 보러 왔습니다."

고객의 요청에 E는 잘빠진 신차를 보여주며 설명을 늘어놓았다.

"어떠십니까? 제가 그간 십수 년 차를 팔아봤지만, 이

거 진짜 물건입니다. 디자인이야 보시는 대로고, 차는 또 얼마나 쑥쑥 나가는지, 연비도 기가 막히고요."

"흠, 생각보다 좋네요. 마음에 들어요."

E는 마음속으로 '이거, 오늘 운이 좋은데'라는 생각을 하며 쾌재를 불렀다. 바로 그때였다.

"근데 이 차는 어떻게 작동하는 겁니까?"

"하하, 그야 휘발유와 전기가 번갈아가며 작동하는 것이지요."

"네, 그런데 구체적으로 어떻게 두 개가 교차하며 작동하는지 알고 싶은데요."

E의 이마에 식은땀이 송골송골 맺혔다. 사실 그는 나온 지 얼마 되지 않은 하이브리드 차에 대해 공부를 제대로 하지 못한 상태였다. 지식과 정보가 부족한 상태에서 그럴싸한 포장으로 넘기려던 속셈이 덜미를 잡힌 셈이었다.

"아, 그…… 그러니까, 그게 말이죠."

당황한 E가 버벅거리는 동안, 고객의 눈빛에는 점점 불신의 기색이 드리웠다.

"흠…… 네, 알겠습니다. 제가 좀 더 생각해보고 연락드리죠."

고객은 더이상 E의 설명을 듣지 않고 뒤도 돌아보지

않은 채 영업소 문을 박차고 나갔다.

부끄러운 고백이지만, 이야기 속 E는 사실 나다. 당시 나는 기아자동차 4년 연속 전국 판매왕에 오를 정도로 왕성한 실적을 자랑하고 있었고 그만큼 경험과 노하우가 쌓여 있는 상태였다. 하지만 제아무리 우수한 실적도, 뛰어난 노하우도 지식과 정보의 부족 앞에서는 아무 소용 없었다. 자신이 팔 상품에 대한 지식이 충분하지 못하다면 '판매왕'뿐만 아니라 '판매왕 할아버지'라도 고객에게 거절당하는 수모를 겪어야 하는 것은 당연지사다. 자동차를 팔기 위해 밤새워 카탈로그를 공부하던 초심을 잃고 공부를 등한시했다가 그야말로 큰 코 다친 경험이었다.

만약 당신이 영업 현장에서 번번이 고배를 마신다면, 이처럼 지식과 정보 없이 그럴싸한 말만 늘어놓는 떠버리형은 아닌지 자문해 볼 필요가 있다. 제품에 대한 공부 없이 그저 어떻게 팔 것인가만 고민하고 있지는 않은지 말이다.

내공이 깊은 고객을 상대하는 법

기왕 부끄러운 과거를 고백한 김에 좀 더 털어놓아보자. 사실 나는 영업 초보 시절 지식과 실력의 부족으로 수없이 어려움을 겪었는데, 이것은 그중 한 사례다.

어느 날 한 고객으로부터 봉고 1톤 트럭 견적을 뽑아달라는 주문을 받았다. 나로서는 절호의 기회라 할 수 있었는데, 긴장한 나머지 그만 잘못된 견적서를 뽑아주고 말았다. 다행인지 불행인지 고객도 내용을 잘 몰라서 별문제 없이 넘어갔는데, 다시 한번 고비가 찾아왔다. 이번에는 그가 차를 최대한 빨리 뽑아달라는 주문을 해온 것이다. 당시 봉고의 인기는 절정이어서 몇 달을 기다려야 하는 상황이었다. 하지만 나는 이 기회를 놓치고 싶지 않다는 생각에 '두 달이면 가능하다'는 답변을 하고 말았다. '설마 한 대 정도는 어떻게든 뺄 수 있겠지'라는 안일한 생각에서였다. 문제는 '당연히' 두 달 후 차가 나오지 않은 데서 발생했다.

"내가 한 달에 얼마를 버는데, 지금 당신 때문에 손해가 얼마인지나 알아? 손해배상 청구할 테니까 각오하쇼!"

노발대발하는 고객을 찾아가 "어떻게든 빠른 시일 내

에 해결할 테니 조금만 기다려달라"며 통사정을 했고, 화가 나서 이야기했을 뿐 '소송'이라는 복잡한 절차를 밟을 마음은 없었던 그는 "일주일만 더 기다리겠다"며 사정을 봐주었다. 그 길로 출고 담당자를 찾아가 사정을 설명하면서 부탁하고 또 부탁한 끝에, 선주문을 받았다가 예약이 취소된 차를 출고시킬 수 있었다.

아무리 노력한다고 해도 출고일을 앞당길 수는 없다는 사실을 몰랐던 경험의 부족, 자동차가 만들어지고 판매되기까지의 과정을 정확히 파악하지 못했던 지식의 부족으로 인해 진땀을 흘린 일화다. 하지만 이런 경험은 훗날 내게 큰 도움이 되었다.

나는 인생 후반전을 준비하며 소상공인을 대상으로 '희망경영'이라는 강의를 진행했다. 그런데 유명세가 없던 초기에는 수강생을 모으기가 만만치 않았다. 조금 욕심을 내어 10주짜리 강의를 연간 4회 진행하기로 했기 때문에 수강생 모집에 온 신경을 다 써야 했는데 말이다.

수강생 모집 역시 영업이라면 일종의 영업인데, 이 과정에서 수많은 거절을 당했다. 명문대를 졸업한 것도 아니고, 엄청나게 유명세를 떨친 것도 아닌데, 내 강의에 누가 그리 관심을 갖겠는가. 한마디로 '나'라는 상품은 영업하기에 그리 좋은 상품은 아니었다. 한번은 삼성전자 납품업체를 경영하는 대표를 소개받았는데 그는 성난 표정으로 "내가 이 나이에 뭘 배워?"라며 일언지하에 거절했다. 이런 식의 떨떠름한 대접을 받는 일이 부지기수였지만, 포기하지 않고 꾸준히 수강생을 모아 강의를 진행할 수 있었다.

4기 수강생 중 법무사 사무장이 있었는데, 웬일인지 강의에 대해 반감을 갖고 있는 듯했다. 그는 앞 기수였던 변호사의 소개 때문에 어쩔 수 없이 등록한 경우였으니 그럴 만두 했다. 1주, 2주, 3주, 강의가 진행되는 내내 팔짱을 낀 채 나를 노려보기만 했다. 마치 '니가 하면 얼마나 하나' 두고 보자는 표정으로 있었다. 그도 그럴 것이 그는 나보다 학벌이 훨씬 좋았고 법대 출신이기도 했다. 이 사람을 설득하지 못하면 이번 강의는 실패, 라는 두려움이 엄습했다. 묘안을 찾아야 했다.

드디어 기회가 왔다. 5주차 수업이었는데 마침 '습관'이 주제였다. 나는 수강생들에게 버리고 싶은 나쁜 습관을 기록하게 한 후 한 사람, 한 사람에게 개별적으로 피드백을 주는 시간을 가졌다. 그런데 그의 기록은 남달랐다. 그저 흡연, 고스톱 등 자신의 습관을 그대로 나열한 타 수강생들과 달리, 그는 담배 피는 시간과 고스톱 치는 시간을 돈으로 환산해 기록한 것이다. 나는 그의 기록지를 다른 수강생들에게 표본으로 보여주며 말했다.

"이제 내가 왜 습관을 기록하라고 하는지 아시겠죠."

수강생들은 감동했는지 일제히 박수를 쳐주었다. 굳어 있던 그의 표정이 조금 풀어지는 순간이기도 했다. 하지만 그의 마음을 사로잡은 진짜 비결은 따로 있었다. 공개적인 칭찬은 마음의 문을 두드리는 노크 정도지, 그 문을 열고 들어갈 수 있는 열쇠는 아니다. 나는 오랜 영업 경험을 살려, 이 정도의 돈을 벌려면 차를 몇 대 팔아야 하고, 그 정도의 차를 팔기 위해선 얼마큼의 시간을 들여야 하는지 등을 숫자로 환산해 체계적으로 계산했다. 나만의 노하우와 지식으로 무장된 이야기를 풀어내자 그간 한 번도 풀리지 않던 그의 팔짱이 풀리더니, 몸을 앞으로 숙여 강의에 경청하는 것이 아닌가. 이후 그의 행동은 180도 달라졌다. 그는 강의에 매우 적극적으로 임했으며, 한 번도 참석하지 않았던 뒤풀이 모임에도 빠지지 않고 나왔다. 게다가 나에게 이런 제안까지 건네왔다.

"기회가 되면 생활법률 강의도 한 번 해드리겠습니다."

나중에 그가 털어놓은 고백인즉, 나를 그저 인맥으로 수강생을 모으는 강사라고만 생각했는데, 자신만의 지식과 정보를 갖춘 사람인 것을 알고 나니 신뢰가 생겼다는 것이다.

　지식과 정보를 갖추지 않고 각종 감언이설로 고객을 현혹하는 영업맨에게 간혹 어리숙한 고객이 넘어가는 경우가 있긴 하다. 하지만 앞의 하이브리드 자동차를 찾은 고객이나 법무사 사무장처럼 어느 정도 내공을 갖춘 고객을 만나면 밑천이 드러나기 마련이다. 더 큰 문제는 이들에게 어설프게 접근했다간 이들뿐 아니라 이들과 관계된 인맥을 모조리 잃을 수도 있다는 사실이다.

　결국 영업에서 거절을 당하지 않으려면 해당 분야를 독파하며 지식을 갈고닦는 수밖에 없다. 감언이설은 '편법'일 뿐이다. 뛰어난 언변으로 몇 번은 실적을 올릴 수 있을지 모르지만, 빈 수레가 요란한 법. 알맹이를 착실히 채우지 않으면, 곧 고객들에게 외면받는 것은 시간문제다.

기초공부 VS 응용공부

　지식과 정보를 쌓는 방법은, 당연히 공부와 경험이다. 그 외에 다른 방법은 없다. 나 역시 하이브리드 차를 사러 왔던 고객과의 일이 있은 후, 다시 초심을 되살려 판매하는 자동차의 기본적인 사양뿐 아니라 자동차 자체의 역사와 작동원리까지 모든 것을 공부했다. 전문가 수준은 아니지만 자동차를 수리할 수 있는 기술도 익혔다. 이후 어떤 고객을 만나든 적어도 차에 대해서만은 박학다식한 전문가라는 인식을 심어줄 수 있었고, 고객의 자동차가 고장나면 비용 없이 고쳐주면서 더욱 친밀한 관계를 유지할 수 있었다.

그런데 여기서 주의할 점이 하나 있다. 대부분 사람들이 잘못된 지식, 잘못된 실력 쌓기에 연연하고 있다는 사실이다. 어떻게 지식을 쌓고 실력을 키워야 하는지 잘 모르고 있다는 것이다. 공부를 한다고 하면 대부분 학원을 다니거나 자격증을 따는 것을 생각한다. 하지만 이는 지식과 실력의 본질을 잘못 이해해서 나오는 행동이다. '스펙'을 쌓는 행위를 지식을 쌓는 행위로 오해하고 있는 것이다. 지금 하고 있는 스펙 쌓기 위주의 행동들은 기초지식과 실력을 아는 정도의 기초공부에 불과하다. 물론 이것도 분명 필요한 과정이지만, 이것만으로는 부족하다. 삶의 현장에서 실적으로 나타나야 진짜 지식과 실력이라 할 수 있을 것이다. 그리고 진짜 지식과 실력을 다지기 위해서는 기초공부를 넘어 '응용공부'를 해야 한다.

응용공부란 단지 강의실이나 학원에서 이루어지는 공부가 아닌 인간관계 속에서, 나아가 사회관계 속에서 이루어지는 공부다. 응용공부를 시작하는 방법은 지금부터 가정 속에서, 사회 속에서 나에게 일어나는 모든 일과 관계에 대하여 왜라는 의문을 품고 그 답을 구하기 위해 노력하는 것이다. '왜 이 사람과의 관계에서는 이런 일이 일어나고 저 사람과의 관계에서는 저런 일이 일어나는지' '왜 어떤 사람들은 어려움을 당하고 어떤 사람들은 일이 잘 풀리는지' '지금 사회에서 벌어지는 이 일이 내 업무와는 무슨 관계가 있는지' 등 인간관계와 사회생활에서 일어나는 모든 일이 내 공부가 되는 것이다. 이런 공부야말로 진짜 지식과 실력을 쌓아가는 최고의 방법이다.

그런 의미에서 거절 역시 응용공부의 한 과정이라고 할 수 있다. 때로 거절이 지식과 실력의 부족을 나타내는 신호등과 같은 역할을 하기 때문이다. 나의 부족한 부분을 발견하면 그것을 수정하기 위해 노력해야 한다. 거절을 당했을 때 응용공부의 관점에서 자신을 돌아보고 부족한 것이 무엇인지를 살펴보고 그것을 채우고자 한다면, 그 노력은 결코 무너지지 않는 실력으로 돌아올 것이다.

아시아 최대 갑부의 성공 비결

　아시아 최대 갑부로 유명한 청쿵그룹의 리자청 회장은 응용공부의 힘을 증명하는 대표적인 인물이다. 그는 어려운 집안형편으로 인해 열네 살이라는 어린 나이에 학업을 중단하고 생활전선에 뛰어들었지만, 독학으로 중고교 과정을 마친 일화로 유명하다. 하지만 더욱 유명한 것은 공부에 관한 그의 지독하고 집요한 열정이다. 그는 아흔이 넘은 지금도 잠자기 전 30분간은 반드시 문학, 철학, 과학, 경제 등 분야를 가리지 않고 책을 읽는다고 한다. 모든 사물과 사건에 대해서 "왜?"라는 궁금증을 가지고 끝없이 공부해야만 미래를 대비할 수 있기 때문이란다.

　그의 응용공부가 빛을 발한 것은 1957년의 일이다. 언제나처럼 다양한 책과 전문서적을 즐겨 읽던 리자청은 플라스틱 전문잡지를 보다가 무릎을 탁 쳤다. 한 이탈리아 플라스틱 회사가 조화를 만들어 유럽과 미국 시장을 휩쓸고 있다는 기사를 본 것이다. 보통 사람이라면 '유럽과 미국에서 조화가 히트를 쳤군'정도로만 생각하고 말 것이다. 하지만 평소 '왜'라는 의문을 바탕으로 '관계'를 고민하는 응용공부를 해온 리자청은 그러지 않았다. '왜 조화가 인기를 끄는가?' '이것이 지금 홍콩에서는 어떤 결과를 가져올 수 있을 것인가'를 집요하게 고민했다. 그리고 성공을 예상한 그는 이탈리아로 날아가 플라스틱 조화를 만드는 기술을 배워서 홍콩으로 왔고, 예상대로 조화는 불티나게 팔려나갔다. 이때 번 돈을 자본으로 삼아서 그는 지금의 청쿵그룹을 만들 수 있었다. 그는 말한다.

"나는 여태껏 새로운 과학기술, 새로운 지식의 책을 끊어본 적이 없다. 새로운 정보를 이해하지 못해 시대의 흐름에서 이탈하지 않으려고 그러는 것이다."

이것이 응용공부다. 단순히 책만 읽고 지식을 쌓는 행위가 아니라, 자신이 가진 정보와 지식을 바탕으로 사람과 세상을 이해하려는 노력이 그것이다. 앞에서 이야기했던 소통 능력 역시 응용공부를 통해서 기를 수 있다. 우리는 사회에서 만나는 모든 사람들에 대한 응용공부를 통하여 상대를 읽는 눈을 가지게 된다. 상대를 이해하는 힘을 가지게 된다. 이처럼 상대를 읽는 눈과 상대를 이해하는 힘은 비로소 당신으로 하여금 소통 능력을 갖게 해주는 최고의 비법이 되는 것이다. 그렇기에 인생에 있어 상황과 사람들과의 관계 속에서 배우는 응용공부는 진정한 지식과 실력을 겸비하는 데 큰 도움을 줄 뿐만 아니라 나아가 수많은 경험을 통하여 상대를 바로 알고 이해하는 힘까지 길러준다. 이것이 응용공부가 가져다주는 경험의 지식이요, 경험의 힘이다.

내가 리자청처럼 대단한 사람은 아니지만 나 역시 응용공부를 통해 생각지도 못했던 기회를 잡았기에, 나의 경험도 곁들여보려 한다. 나는 마흔아홉이란 늦은 나이에 대학에 들어가 쉰셋에 대학원에서 석사과정을 시작하고, 지금은 박사과정을 밟고 있다. 고등학교 졸업이라는 짧은 가방끈이 아쉬웠던 것도 아니고, 뭔가 새롭게 배우고 싶은 것이 있었던 것도 아니다. 사실 시작은 아내의 충고였다. 기아자동차 재직 시절 차도 잘 팔고 돈도 잘 벌면서 나름 안정된 생활을 유지했지만 왠지 모를 공허함에 시달리는 나에게 아내는 공부라는 새로운 자극을 줘보는 게 어떻겠냐고 설득했던 것이다.

그렇게 외식경영을 공부하기 시작했다. 자동차 영업맨이 외식경영이라니, 다소 뜬금없었지만 자동차를 더 잘 팔기 위해서는 고객의 일상에 좀더 깊숙이 침투할 필요가 있겠다는 생각이 들었다. 수십 년간의 경험과 공부를 통해 자동차라면 이미 충분히 알 만큼 안다는 약간의 자만심도 있었고 말이다. 자동차가 사치품이나 기호품이 아닌 필수품이 된 시대에 발맞춰 영업을 하려면 가장 기본적인 의식주에 대한 공부를 해야 한다는 생각이 들었고, 그래서 외식경영을 전공으로 선택하게 되었다. 솔직히 고백하자면 처음부터 이렇게 구체적인 목표와 그림을 그렸던 것은 아니다. 어렸을 때 들로 산으로 일하러 나가시는 부모님을 대신해 밥을 짓고 설거지를 하고, 반찬을 만드시는 어머니를 도우면서 일찍이 요리에 관심을 가졌기에 그냥 자연스럽게 선택한 것이 더 크다. 하지만 공부하면 할수록 자동차와 외식의 '관계'를 고민하면서, 이 공부를 내게 도움이 될 방향으로 이끌기 위해 노력했던 것만은 분명하다.

외식경영에 대한 연구를 통해 최근 소비자들의 라이프스타일을 보다 깊이 알게 되면서 자동차 영업에도 많은 도움을 받았다. 과거에는 그저 연비 좋고 고장 없이 잘 달리는 효율적인 차가 최고였지만, 지금은 워라밸(워크, 라이프, 밸런스)에 대한 관심도 높아지고 여가생활도 다양해지면서 자신의 일상과 취향에 적합한 차를 원하는 고객이 늘고 있다. 바로 그 지점에서 외식경영은 최근 사람들의 트렌드를 깊이 있게 연구할 수 있는 좋은 기회가 되어주었고, 고객을 상대하는 데 있어 효과적으로 대화를 이끄는 수단이기도 하다.

하지만 응용공부의 영향은 여기서 끝나지 않았다. 오

랜 시간이 흘러 내가 반찬 프랜차이즈 '장독대'의 상무로 일하게 되는 데 큰 도움이 된 것이다. 당시 대학원에 들어갈 때만 해도 내가 이와 관련된 일을 하리라곤 꿈에도 생각하지 못했다. 그렇다고 그저 스펙을 쌓기 위한 공부도 아니었다. 이 공부가 내가 현재 하는 일에 어떻게 도움이 될 수 있는지를 고민했고, 추후 내가 이를 어떤 식으로 활용할 수 있는지에 대한 연구를 멈추지 않았다. 장독대 입사와 관련해서는 뒤에서 더 자세히 이야기하겠지만, 어쨌든 그때의 그런 노력이 오랜 시간이 지난 후 빛을 발하게 된 것이다. 그리고 나는 이것이 단지 스펙용 학위 취득이 아니라 관계와 원리를 파악하고자 하는 응용공부를 추구했기에 가능한 일이었다고 믿어 의심치 않는다.

영업은 최전방 전투 현장이다

응용공부를 하기 위해서 가장 필요한 자질이 하나 있다면, 바로 '의지력'이다. 아니, 공부 이야기를 하다가 갑자기 웬 의지력 이야기냐고? 각자에게 필요한 지식과 정보, 이를 위한 공부법은 제각각 다르다. 그렇기에 모두에게 통용되는 학습법은 없다. 하지만 지식과 정보를 쌓기 위해 모두에게 공통적으로 필요한 것이 하나 있다. 그것이 바로 의지력이다.

사실 일을 하면서 따로 해당 분야에 대해 공부하기란 말처럼 쉬운 일이 아니다. 아침에 눈뜨자마자 출근해, 퇴근하면 바로 쓰러지기 일쑤인 현실에서는 더욱 그렇다. 그래서 의지력이 중요하다. 피곤과 싸울 힘, 계속 하게 만드는 끈기는 의지력이 있어야만 생긴다. 그리고 의지력을 쌓기 위한 노력 역시 응용공부의 일종이다. '왜 내가 이 일을 계속해야 하는지' '왜 내가 포기하면 안 되는지'를 고민하는 과정 속에 의지력을 기를 수 있기 때문이다.

F는 쾌활한 성격에 붙임성이 좋아 금세 영업소에서 주목받는 인물이 될 수 있었다. 특히 회식자리에서 온갖 잡기에 능하니 윗사람이 좋아하지 않을 수 없었다. F는 곧 영업소장과 단둘이 점심을 먹는 사이로까지 발전하였다. 상황이 이렇다보니 F는 비교적 영업을 쉽게 할 수 있었다. 자동차 영업소에는 영업사원을 통하지 않고 직접 찾아오는 고객도 많은데, 이때 소장이 적당한 사원에게 배정해주는 방식으로 영업이 진행되기도 한다. 여러 사람 중 F는 이런 기회를 가장 많이 받았고, 덕분에 큰 어려움

없이 목표를 달성하며 영업사원 생활을 이어나갈 수 있었다.

그런데 문제가 있었다. 사실 F는 일하기보다 놀기를 더 좋아하는 타입이었다. 놀 때는 그렇게 적극적이다가도 영업을 할 때는 어깨가 쳐졌고 놀 때만큼 열심히 하지 않았다. 고객을 만나도 조금 아니다 싶으면 이내 포기하기를 반복했다. 만약 소장에게 고객을 배정받지 못했다면, 실적을 올리기 무척 힘들었을 것이다. 그러던 어느날, F에게 위기가 찾아왔다. 그를 돌봐주던 영업소장이 다른 곳으로 발령을 받아 떠나버린 것이다. 마침 경기불황까지 겹쳐 거의 실적을 올리지 못하는 지경에 이르자 그는 영업을 계속할지 고민하기 시작했다. 그러던 와중 친척으로부터 해외유전개발 사업거리가 있다며 연락이 왔고, 그는 곧바로 영업을 관뒀다. 결과가 잘됐으면 다행이련만 그는 그 사업에도 실패하고 말았다.

영업은 군대로 치면 최전방 전투현장에 비유할 수 있다. 그만큼 치열하다는 이야기다. 이처럼 치열한 곳에서 버티기 위해 가장 필요한 것은 강한 정신력과 굳은 의지일 것이다. 극한의 어려움을 참아낼 수 있는 정신력과 이것을 이겨내고자 하는 의지가 없다면 쉽게 무너질 가능성이 높다. F는 실적을 위해 정도를 걷기보다 편법을 선택했다. 물론 편법이라도 쓸 수 있었던 것은 그의 머리가 비상해 소장의 환심을 사는 법을 알았기 때문이었을 것이다. 문제는 F의 의지력이 그리 강하지 않다는 데 있었다. 편법이 더이상 통하지 않자 F는 이제 자신의 힘으로 정도를 걸어야 했지만 이미 편법에 물든 그의 의지력은 모래성처럼 허술하기 그지없었다. 그는 곧 무너지고 말았으며 슬슬 다른 편법에 눈을 돌리다가 궁지에 몰리고 말았다.

서른아홉의 나이에 사법고시에 합격한 남자

어떤 사람이 『아침형 인간』이라는 책을 읽고 깊은 감명을 받았다. 책의 대략적 요지는 아침형 인간이 되면 성공할 수 있다는 것이었다. 이 사람은 그동안 무능하게 살아온 자신을 질책하며 자신도 아침형 인간이 되어 성공해보겠다는 의지를 불태웠다. 그는 설레는 마음을 다독이며 삼사리에 들었다. 그리고 새벽 네시, 귀가 찢어지도록 알람시계가 울려댔지만 그는 좀처럼 일어나지 못했다. 새벽 다섯시의 알람소리에도 그는 일어나지 못했다. 결국 그는 잠만 설친 채 그날 하루 종일 무거운 몸으로 일해야 하는 이중고를 겪고야 말았다.

그는 그렇게 설레는 결심을 했는데도 왜 아침에 일어나지 못했던 것일까? 그의 의지는 왜 잠 앞에서 여지없이 무너지고 말았을까? 사실 이런 상황은 우리 주변에서 흔히 접할 수 있다. 그래서 나온 말이 작심삼일이다. 세상에 작심하는 사람은 넘쳐나지만 그 작심한 것을 삼일 이상 넘기는 사람은 매우 드물다는 뜻에서 나온 말일 것이다. 작심삼일은 인간의 의지력이 과연 유효한 것인지 의문을 던지는 메시지이기도 하다. 과연 인간의 의지력은 지속될 수 있는 것일까? 혹시 지금 대부분의 사람들이 경험하고 있는 것처럼 의지력이란 그저 일장춘몽에 불과한 것이 아닐까?

의지력은 마음만 먹는다고 턱하니 생기는 요술방망이와 같은 것이 아니다. 오랫동안 공부해야 지식이 생기고 오랫동안 노력해야 실력이 쌓이는 것처럼 의지력도 오랫동안 갈고 닦아야 비로소 생기는 것이다. 혹자는 의지력을 근육에 비유하기도 한다. 정말 적절한 비유라 생각한다. 우리가 마음만 먹는다고 근육이 생기는 것은 아니지 않는가. 근육을 키우기 위해서는 정말이지 뼈를 깎는 운동을 해야 하고 적절한 식이요법도 감행해야 하지 않는가. 의지력도 마찬가지다. 의지력을 키우기 위해서는 그에 적절한 행동을 취해야 하고 절제가 필요한 부분은 절제해야 비로소 키워지는 것이다.

사례를 하나 보자. H의 인생은 실패의 연속이었다. 처음으로 대입시험을 봤으나 시험에 떨어지고 말았다. 이듬해 다시 시험을 치렀으나 역시 마찬가지로 대학은 그를 받아주지 않았다. 하지만 여기서 포기할 수는 없었다. 그는 삼수에 도전한 끝에 겨우 Y대 정치외교학과에 입학할 수 있었다. 다른 친구들보다 이미 세 살이나 많았던 그였기에 인생역전을 꿈꾸며 이번에는 행정고시에 도전하였다. 하지만 이 역시도 실패에 또 실패, 실패의 연속이었다. 그는 대학원까지 진학하며 고시에 매달렸으나 여전히 합격의 신은 그의 손을 들어주지 않았다. 그는 결국 스물일곱의 늦은 나이에 군대에 가야했다. 그때 병장이었던 친구들의 나이가 불과 스물하나, 스물둘이었으니 그는 한참 부담스런 졸병일 수밖에 없었다.

그 서러움을 견뎌내고 제대했을 때 이미 H의 나이는 서른을 넘기고 있었다. 그는 다시 행정고시에 도전했으나 또다시 낙방했다. 도대체 뭐가 문제였을까? 고민을 거듭한 끝에 그는 종목을 행정고시에서 사법고시로 바꿨다. 하지만 사법고시는 행정고시보다 더 어려운 시험이었다. 사법고시로 바꾼 후에도 그의 실패는 계속되었다. 친구들은 다 자리잡고 결혼해 애까지 낳고 잘사는데 자신은 고시원에 틀어박혀 지내기만 하니 그 고통은 이루 말할 수 없었다. 아무리 고시 공부한다 해도 밥은 벌어먹어야 했기에 그는 고시과외도 시작했다. 그런데 이게 웬일인가. 그로부터 과외를 받은 제자가 먼저 고시에 덜컥 합격해버린 것이다.

H는 세상의 거절 앞에 절망하지 않을 수 없었다. 하지만 그는 포기하지 않았다. 그는 계속 도전했으며 결국 나이 서른아홉에 드디어 사법고시에 합격할 수 있었다. 그리고 감격의 눈물을 한없이 흘릴 수 있었다.

이 이야기 속의 H는 법무법인 청파의 대표인 이재만 변호사다. 나는 그가 두 평도 채 되지 않는 골방에서 거절의 아픔과 두려움 속에 벌벌 떨었을 모습이 눈에 어른거린다. 그의 이야기는 우리로 하여금 많은 것을 생각하게 해준다.

고비란 일을 이루는 과정에서 가장 중요한 절정의 단계를 말한다. 어떤 일이든 바로 이 고비를 넘어야 비로소 이룰 수 있게 되는 법이다. 그런데 고비는 가장 고통스러운 단계이기도 하다. 모든 에너지를 집중해야 할 순간이기 때문이다. 그래서 고비를 넘겨야 한다는 말도 있지 않은가. 어떤 사람들은 고비에 이르지도 못한 채 포기하는 사람도 있는데 그만큼 에너지를 쏟지 않았기에 생기는 일일 것이다. 반면 어떤 사람은 고비의 위기를 넘기고 멋지게 성공의 고지에 올라선다. 그런 면에서 이재만 변호사는 고비에 이를 만큼 충분한 에너지를 쏟아 부었고 또 마지막 남은 힘을 고비를 넘은 데 사용할 수 있었기에 비록 늦은 나이였지만 거절의 문을 당당히 통과할 수 있었던 것이다. 불굴의 의지가 어떤 힘을 발휘하는지 보여주는 사례다.

의지가 꺾이는 순간, 나를 다잡는 '3실'의 주문

불굴의 의지를 갖기 위해선 우리는 의지력만이 갖고 있는 특수성을 이해할 필요가 있다. 의지력을 불태운다는 말이 있듯이 의지력은 뜨거울 때는 활활 타올랐다가 식어버리는 순간 씨늘해지는 특성이 있다. 이런 의지력만의 특수성을 이겨내기 위해 가장 필요한 행동은 무엇일까? 그것은 활활 타오르는 불길을 지속할 수 있는 연료이다. 무엇이 의지력의 연료 역할을 할 수 있을까? 나 역시 일하면서 종종 의지가 꺾이는 때가 있는데, 그때마다 '3실'의 주문을 통해 나를 다잡곤 한다.

진실: 남이 보지 않아도 일하고 있는가
성실: 삯을 받지 않아도 일하고 있는가
절실: 안되면 죽는다는 각오로 일하고 있는가

진실이란, 나 스스로에게 한 점 부끄러움이 없는 것이다.

남이 볼 때는 누구나 열심히 한다. 설사 게으른 사람이더라도 보는 눈이 있으면 부지런을 떨기 마련이다. 하지만 혼자 있을 때는 곧 본성이 드러나 농땡이를 치곤 한다. 정말 진실된 사람은 남이 보든 보지 않든 최선을 다한다. 아니 오히려 남이 보지 않을 때 더 열심히 한다. 자기 자신을 가장 엄격한 감시자이자 평가자로 생각하기 때문이다. 스스로의 시선을 가장 두려워하는 사람은 조금이라도 나태해지거나 안일해지려고 할 때마다 자기 자신을 다독이고 힘을 북돋는다.

성실이란, 물질적 보상과 정서적 보상을 아우르는 키워드다.

우리는 왜 일하는가? 당연히 돈을 벌기 위해, 먹고살기 위해 일한다. 자아실현도 성취감도 당장의 생계보다 우선하기는 어렵다. 즉 '삯을 받지 않아도 일하고 있는가'라는 성실의 주문은, 물질적 보상에 상관없이 열심히 일해야 한다는 비현실적인 이야기를 뜻하는 것이 아니다. 다만 오직 돈만 바라보고 일하는 태도를 경계해야 한다는 뜻이다. 물질적 보상만 생각하면 한계가 있다. 내가 이 일을 함으로써 얻는 정서적 보상, 예를 들면 성취감이나 보람 같은 것을 함께 고려하는 사람만이 더 길고, 더 오래 자신의 길을 걸어갈 수 있다.

무엇이 의지력의 연료 역할을 할 수 있을까? 나는 이 질문에 꿈 또는 사명이라고 당당히 이야기할 수 있다. 나는 어린 시절 너무도 가난하게 자랐기에 판매왕이 되어 가난을 벗어보겠다는 꿈이 있었다. 그때 나는 영업계에 투신한 지 5년 만에 판매왕을 차지할 수 있었는데, 당시 수많은 유혹의 손길이 있었지만 내 의지력은 조금도 흔들리지 않고 지속되었는데 꿈이 열정을 불태우는 연료 역할을 충실히 해주었기 때문이다.

절실이란, 불난 집에 하는 부채질과 같은 것이다.

기본적으로 진실하고 성실한 사람은 어느 정도 일을

잘해나갈 수 있다. 이때 절실함이 더해지면 그 효과는 배가 된다. 불난 집에 부채질한다는 속담은 화난 사람은 더욱 화나게 한다는 뜻이지만, 여기서는 조금 다른 의미로 써보려고 한다. 즉 불난 집에 부채질을 해서 불이 더욱 활활 타오르게 하는 것처럼, 진실과 성실로 열정을 불태우고 있는 사람이 절실하기까지 하면 더욱 활활 타오를 수 있다.

어찌 보면 구닥다리 같은 이야기일지도 모르겠다. 다들 빠르고 편한 길만 찾는 요즘, 진실과 성실, 절실이라니. 하지만 적어도 내게 이 '3실'은 전국 판매왕에 오르게 한 비결이었으며, 30년 넘게 영업을 지속할 수 있는 힘이었다. 꼭 진실, 성실, 절실이 아니어도 좋다. 당신이 넘어졌을 때, 주저앉고 싶을 때, 더이상 갈 수 없을 것 같을 때, 당신을 일으켜 세울 당신만의 주문을 만들어보자.

제품에 대해서 기초공부를 넘어선
응용공부를 해라

고객에 대한 공부 뿐만 아니라 제품에 대한 공부도 필요하나.

제품에 대해 빠삭하지 않으면 고객에게 외면받기 마련이다.

기초공부가 아니라 응용공부가 필요하다.

이를 위해선 불굴의 의지력이 필요한데,

의지가 꺾일 때는 진실, 성실, 절실, 이 3실의 주문을 외워보자

Chapter 2.

거절하는 사람도 따로 있다

: 불안염려형, 계산형, 의심형⋯ 거절의 유형과 대처법

도대체 그는 왜 늘
거절하는 걸까?

J는 원래 무신론자였으나 어느 날 갑자기 하나님을 믿게 되어 열렬한 신자가 되었다. 그의 신앙은 나날이 자라 어느덧 집사까지 되었다. 특히 그는 '전도왕'으로 이름을 떨쳤다. 워낙 열정적으로 전도하며 수많은 사람들을 교회로 이끌었기 때문이었다. 무엇보다 그는 교회에 반감을 가진 사람들에게 다가가 반감을 해소시켜주는 일을 잘하기로 유명했다. 그는 과학 전공자이자 매우 논리적인 사람이어서 과학적이고 논리적으로 설득하는 일에 능했다.

상황이 이렇다보니 전도를 하는 수많은 사람들이 그

에게 사람들로부터 거절당하지 않는 법을 배우기 위해 몰려들었다. 그는 사람들의 질문에 하나하나 논리적으로 답해주면서 더욱 인기를 끌게 되었다. 그런 그가 하루일 과를 마치고 집으로 돌아왔을 때 아내가 다그쳤다.

"쳇, 바깥에서 전도왕이면 뭐해요! 자기 여동생 하나 전도하지 못하면서!"

아내의 말은 J에게 있어 뼈아픈 부분이었다. 전도왕이 라는 타이틀이 무색하게, 여동생을 전도하는 데는 늘 실 패했기 때문이다. 그날도 자존심이 무척 상한 J는 여동생 을 앉혀놓고 열심히 성경의 내용을 알려주며 전도하였 다. 그러나 여동생은 연신 하품만 해대고 있을 뿐이었다.

"그러니 너 하나님 믿어야 복 받는단 말이야! 알아듣 겠어?"

"그래, 오빠 말은 다 알아듣겠어, 근데 통 관심이 가지 않는 걸 나더러 어떡하란 말이야!"

반감을 품는 사람들 앞에서도 논리적으로 척척 대응 했던 J였지만, 여동생의 "관심 없다"는 한마디에는 어떻 게 대처해야 할지 몰라 쩔쩔 맬 수밖에 없었다.

무관심이라고 다 같은 무관심이 아니다

반감을 갖고 있는 사람도, 아예 무관심한 사람도 영업하는 입장에서는 참 쉽지 않은 대상이다. 사실 이것은 영업에만 해당되는 이야기는 아니다. 가정에서도 가족이 서로에게 무관심하면 화목하기 어렵다. 만약 서로에게 반감을 가지고 있는 상황이라면, 집은 편안한 쉼터가 아니라 고통스러운 지옥으로 변하고 말 것이다. 직장에서도 마찬가지다. 부하직원이 상사에게 반감을 가지고 있다면, 상사가 부하직원에게 무관심하다면 그 회사가 제대로 돌아갈 수 있겠는가. 이처럼 서로 간의 거절감을 극복하기 위해 반감과 무관심은 반드시 해결해야 하는 문제다.

먼저 반감에 대해 살펴보자. 대부분 사람들은 반감을 부정적인 의미로 받아들이지만, 이것 역시 거절과 마찬가지로 양면성이 있음을 인식해야 한다. 실제로 반감은 호감에서부터 출발하는 경우가 많다. 처음부터 무턱대고 반감을 품는 경우는 드물다. 사람이 무언가에 대한 반감이 있다면 호감의 반작용일 가능성이 높다. 즉 원래는 호감을 가지고 있었으나, 그에 대해 실망하거나 자신의 기대와 어긋나는 일이 발생할 때 호감이 반감으로 돌아서는 경우가 빈번한 것이다. 이것은 부부관계에 비유할 수 있다. 부부는 신혼 때 알콩달콩 정말 행복한 하루하루를 보낸다. 그러다 사소한 일로 다툼이 시작된다. 사소한 다툼은 점점 잦아지고 어느 순간부터 부부는 서로에 대한 미움의 감정을 갖게 된다. 그 미움의 정도는 싸울 때 극을 향해 치닫는데 '차라리 헤어지는 게 낫겠어' 하는 극단적인 생각이 들게 할 정도까지 커진다. 하지만 이 부부가 다시 화해하면 언제 그랬냐는 듯 애정이 넘쳐난다. 사랑과 미움은 바로 이런 상관관계로 맺어진 사이인 것이다.

반감과 호감의 관계 역시 마찬가지다. 이 둘은 마치 부부관계처럼 역동적으로 움직인다. 반감이 고개를 숙이면 호감이 드러나고 호감이 사라지면 다시 반감으로 돌아선다. 이때 주의해야 할 것은 반감이 깊어지면 결국 반감밖에 남지 않게 된다는 사실이다. 반대로 반감을 극복하면 역시 부부관계처럼 언제 그랬냐는 듯 급격히 호감으로 전환된다. 앞서 살펴보았던 내 강의에 의심을 품었던 수강생이 반감을 거두는 것에 그친 정도가 아니라 충성맨으로 변한 것이 그냥 우연히 일어난 일은 아닐 것이다.

상대의 반감을 해소하려면, 상대가 왜 반감을 갖게 되

었는지를 제대로 파악해야 한다. 상사와 부하직원의 경우를 예로 들어보자. 부하직원은 상사에 대해 기대한 부분과 생각한 기준이 있었는데, 상사가 그에 못 미치는 모습을 여러 번 보여주자 반감을 품게 되었을 것이다. 그렇다면 상사는 상대의 기대와 기준을 파악하고, 그에 걸맞은 모습을 보여주는 것으로 반감을 해소할 수 있다. 한순간에 바뀌긴 어렵겠지만, 노력하는 모습을 보이는 것만으로도 어느 정도 효과를 거둘 수 있다.

그렇다면 무관심의 경우는 어떨까. 내가 팔고자 하는 상품이나 서비스에 관심이 0.0001퍼센트도 없는 고객을 만나는 것은, 거절로 직행하는 급행열차를 탄 셈이라고 할 수 있다. 하지만 그렇다고 해서 포기할 수는 없다. 나는 99퍼센트 불가능해 보이는 일이라 하더라도 단 1퍼센트의 가능성이 있다면 일단 포기하지 말고 도전해봐야 한다고 생각한다. 무관심을 이기기 위해서는 무관심에 대한 제대로 된 지식이 필요할 것이다. 사람들은 왜 무관심을 표하는 걸까? 무관심에도 여러 가지 유형이 있을 것이다.

첫 번째는 아예 그것을 접하지 못해봐서 무관심한 경우다. 이럴 때는 지속적으로 제품이나 서비스를 설명하면서, 이에 대한 관심을 갖게 만드는 끈기, 즉 '물고 늘어지는 전략'이 필요하다.

두 번째는 그것을 접해보긴 했으나 자기와 맞지 않다 생각하기에 무관심한 경우다. 이때는 상대의 특성과 성향을 면밀히 파악해, 맞춤형 상품을 소개하는 것이 중요하다.

세 번째는 그것에 대한 안 좋은 이미지가 있어서 관심을 거둔 경우다. 이때는 선입견과 편견을 깰 수 있는 방법을 고민하면 될 것이다.

무관심에는 이처럼 우리가 생각지도 못한 다양한 경우의 수가 있다. 무관심이라고 다 같은 무관심이 아닌 것이다. 상대가 무슨 이유로 무관심한지 알아야만 무관심을 관심으로 돌리는 것이 가능하다. 그리고 이것이 우리가 거절하는 사람의 입장, 상대가 왜 거절하는지에 대해 알아봐야 하는 이유다.

영업에도 '궁합'이 중요하다

친구와의 다툼으로 친구한테 뺨을 한 대 맞았다고 가정해보자. 이때 대부분의 사람들은 무엇보다 기분이 상해 친구에게 화가 날 것이다. 그리고 친구에 대한 앙갚음으로 이 문제를 해결하려 든다. 하지만 이것은 문제의 본질을 잘못 파악한 방법이다. 생각해보라. 친구에게 복수하면 그 친구는 또 가만히 있겠는가. 악순환을 불러올 뿐이다.

하지만 문제의 본질, 즉 친구가 왜 때렸는지에 대한 답부터 구하기 시작한다면 이야기가 달라진다. 친구는 분명 이유가 있어 나를 때렸을 것이다. 그 이유를 먼저 찾아야 한다. 그리고 만약 그 이유가 내 잘못이라면 오히려 친구에게 사과하고 문제를 해결할 수 있을 것이며 나아가 내 단점 하나를 알고 고칠 기회를 갖게 되니 더욱 유익이 될 것이다.

이제 거절당하는 입장이 아닌, 거절하는 입장에서 왜 거절하는지 그 이유를 분석해보려 한다. 누차 이야기하지만 나는 30여 년 영업인생 동안 수많은 거절을 당해봤다. 거절당할 당시에는 그저 가슴앓이만 했을 뿐이나, 지나놓고 보니 거절하는 사람들도 일종의 유형이 있음을 깨닫게 되었다. 이건 퍽 놀라운 발견이었다. 거절이란 그저 일방적인 것이라 생각하고 있었는데, 사실 거절은 거절당하는 자와 거절하는 자, 양방향에서 일어나는 작용이었던 것이다. 이때 거절하는 사람은 왜 거절하려는 마음을 먹게 되는 것일까? 거절하는 사람들은 거절당하는 사람과 마찬가지로 몇 가지 유형으로 나누어진다. 하나씩 살펴보면서 그들의 마음을 돌릴 수 있는 방법들을 알아보도록 하자.

더불어 이 장에서는 각 고객의 유형에 따라 그와 궁합이 좋거나 나쁜 영업맨의 유형도 함께 정리하고자 한다. 나는 영업 현장에 있으면서 영업맨들 뿐만 아니라 수많은 자영업자, 회사원, 사업가가 거절당하는 장면을 목격하기도 했다. 그러면서 나는 영업에도 '궁합'이 중요하다는 사실을 알 수 있었다.

예를 들어 주도적인 성격의 영업맨이 마찬가지로 주도적인 성격의 고객을 상대하면, 고객은 자신의 영역을 침범당한 것 같아 거부감을 느끼게 된다. 또 사교적인 성격의 영업맨이 처음 보는 내성적인 성향의 고객을 마치 오랜 친구처럼 대한다면, 고객은 이 사람이 왜 이러는가, 하며 부담을 느낀다. 자신의 입맛에 맞는 고객만 상대할 수 없는 것이 영업이지만, 자신이 어떤 스타일인지 파악하고 또 어떤 스타일의 고객에게 어떤 스타일의 영업맨이 잘 맞는지를 안다면, 보다 효율적으로 영업을 할 수 있을 것이다.

"좋기는 한데……"
"필요하기는 한데……" 그런데요?

좀처럼
결정을 내리지
못하는
불안염려형

영업 초짜 시절부터 알고 지내던 고객 중에 고등학교 선생님 한 분이 있다. 인품이 훌륭하고 겸손하신 분인데, 다소 걱정이 많고 성격이 우유부단한 편이었다. 때문에 나는 그 분과 오랜 시간을 연락하고 지내면서도 정작 차 한 대를 팔기가 어려운 지경이었다. 한번은 그가 2천만 원짜리 차를 사고 싶은데 천만 원이 부족하다고 하여, 모자란 금액은 할부로 할 것을 권한 적이 있다. 월 30만 원이어서 그리 부담스러운 금액은 아닐 터였다.

"할부도 빚이니까 부담스러울 수는 있습니다만, 월 30만원이면 아주 큰 부담은 아니지 않을까요? 게다가 차를 팔 때 남은 할부도 같이 넘어가는 거니까, 너무 걱정 않으셔도 될 것 같은데요."

"그래도 매달 30만원이 계속 나가는 건 부담스러운데요…… 차를 사긴 해야 하는데, 어쩐다. 꼭 사고 싶은데, 어쩌지."

"그렇다면 한번 저질러보시죠. 마음이 동했을 때 사시는 게 좋습니다."

살까 말까를 반복하며 몇 주를 끌던 그는 결국 구매를 포기하고 말았다. 그리고 한참이 지난 어느 날, 그로부터 전화가 왔다.

"혹시 K9 좋은 조건으로 나온 거 없나요?"

그가 말하는 좋은 조건이란 저렴한 가격을 뜻했다. 나는 알아보겠다고 답한 후 여기저기 수소문을 했다. 마침 '판촉 차'가 한 대 나온 것이 있었다. 판촉 차란 전시되어 있는 차를 말하는 것으로, 보통의 새 차보다 훨씬 저렴한 가격에 팔 수 있는 차였다. 그에게 이 소식을 알려주자 뛸 듯이 기뻐했다. 하지만 막상 구체적인 계약 이야기가 나오자 또다시 결정을 망설였다.

"근데…… 저 같은 사람이 이런 차를 타고 다녀도 될까요?"

"아니, 무슨 말씀이십니까? 선생님 정도시면 중형차

타고 다니셔야죠."

나는 그가 스스로를 깎아내리는 것이 안타까워, 자신감을 북돋워주었다. 실제로 그의 연배도 그렇고, 직업도 그렇고, 중형차를 타지 못할 이유가 없었다.

"아, 괜찮을까요? 근데…… 가격이……"

"저렴한 차는 아닙니다만, 판촉 차라서 시중가보다는 훨씬 싸게 사실 수 있습니다. 좋은 기회예요."

자신에게 어울리는 차인지에 대한 걱정을 덜고 나자, 이번에는 가격 때문에 망설이는 것이었다. 이에 거치할부, 수시할부 등 좋은 조건으로 설득했지만, 그는 여전히 결정을 내리지 못했다.

"아, 그런 조건이면 할부도 괜찮은데요. 그런데……"

"네. 혹시 또 걸리시는 게 있나요? 말씀해주세요. 제가 최대한 방법을 찾아보겠습니다."

"그게…… 아무래도 와이프가 바가지를 긁을 것 같아서요."

상황이 이쯤 되자, 나도 혀를 내두를 수밖에 없었다. 이렇게까지 마음을 정하지 못하는데, 아무리 베테랑이라도 두 손 두 발 다 들 수밖에 없었다. 노골적으로 말하자면 '이분처럼 걱정이 많은 분은 평생 차를 사지 못할 것 같다'는 생각이 스멀스멀 기어올라왔다. 그러나 지금 생각해보면, 그 분이 너무한 면도 없지 않았으나 나 역시 어처구니없는 실수를 한 면이 있어서 부끄럽기 짝이 없다. 과연 나의 실수는 무엇이었을까.

나의 첫 번째 실수는 "한번 저질러보세요"라고 부추겼던 것이다. 선택을 망설이는 사람에게 이런 부추김은 오히려 독이 되기 쉽다. 빨리 결정을 내리라는 압박으로 다가갈 수도 있고, '저지르다'라는 단어 자체가 그에게 위험한 선택으로 느껴질 수도 있기 때문이다.

두 번째 실수는 그가 "저 같은 사람이 중형차를 타고 다녀도 될까요?"라고 물어왔을 때, "선생님 정도면 중형차 타고 다니셔야죠"라는 두루뭉술한 답변을 내놓은 것이다. 그처럼 신중한 사람에게는 구체적인 사례를 들어서 최대한 객관적이고 종합적으로 설명을 해야 하는데, 별다른 근거도 없이 치켜세우기만 했던 것이 문제였다.

불안, 염려는 아마도 인간의 여러 속성 중 가장 큰 부분일 것이다. 이 불안과 염려가 거절의 배경이 되면 해결하기가 쉽지 않다. '과연 이것을 선택했을 때 문제가 생기지 않을까?' '혹시 가족이나 동료들이 반대하지나 않을까?' 하는 불안과 염려에 휩싸인 사람은 아무리 설득해도 쉽게 결정을 내리지 못하고 우유부단한 태도로 상대의 진을 빼곤 한다. 그럼 이런 불안염려형의 거절을 극복하기 위해서는 어떤 처방이 필요할까.

우물쭈물 T부장을 설득한 단 한 건의 기획안

새로운 관리부장 T는 우유부단한 성격으로 유명했다. 직원들이 올린 기획안에 대해서는 좀처럼 답을 주지 못했고, 위에서 내린 지시도 결단력 있게 추진하지 못했다. 늘 이런저런 가능성을 두고 고민하면서 시간을 보내는 탓에 함께 일하는 사람들을 답답하게 만들었다.

처음 T가 부임했을 때만 해도 그의 우유부단한 성격을 눈치챈 사람은 많지 않았다. 그도 그럴 것이 첫 출근한 당일에 관리부 전 직원에게 불만사항이나 개선할 사항에 대해 건의를 올리라고 지시했기 때문이다. 첫날이면 동료들에게 인사를 다니고 자리를 정리하기에도 정신이 없을 텐데, 바로 업무부터 지시하는 그의 모습에 직원들은 '추진력 좋은 상사가 왔다'며 기대감을 품었다.

하지만 정작 T는 직원들이 작성한 개선사항을 받아든 이후로 감감무소식이었다. 하루가 지나고 이틀이 지나고, 일주일이 지났지만 아무런 피드백이 없었다. 그 사이에 T의 스타일을 파악한 직원들은 "저럴 거면서 왜 건의 안을 올리라고 했냐"며 투덜거렸다. 결국 직원들의 건의 안은 실현되지 못한 채 결재서류 속에 갇혀버렸다. 단 한 건의 건의안만 빼고 말이다. 대체 그 건의안이 무엇이었기에, 우유부단한 T로부터 결정을 이끌어낸 걸까.

그것은 관리부 직원이 사무실 환경 개선의 일환으로 제출한 의자 교체 건의였다. 그런데 이를 작성한 직원은 다른 직원들처럼 개선이 필요한 사항만 적은 것이 아니었다. 전 직원의 의자를 교체하는 비용, 현재 의자를 중고로 팔 때 생기는 이득 등을 시장조사를 통해 정리한 것은 물론, '현재 의자를 중고로 팔고도 부족한 금액은 부서 회식비를 줄이는 것으로 해결함으로써 실제 교체비용은 거의 0원'이라는 대안까지 제시했다. 여기에 더해 새 의자를 가장 저렴하게 살 수 있는 방법과 중고로 팔 때 가장 높은 가격을 받을 수 있는 업체까지 정리해놓았다.

이 정도라면 관리부장 입장에서 윗사람 눈치볼 필요 없이 매우 안정적으로 일을 처리할 수 있고, 덩달아 전 직원의 의자를 새것으로 교체하면서 근무환경이 좋아지니 금상첨화가 아닐 수 없다. 업무를 추진할 때 발생하는 리스크와 그에 대한 대안 등을 일일이 고민하느라 추진력이 떨어지는 T였지만, 이처럼 논리적이고 구체적인 건의안은 시행하지 않을 이유가 없었던 것이다.

이제 수십 개의 건의안 중 단 하나의 건의안이 통과된 이유를 알겠는가? 그렇다. 이 건의안에 의하면 불안, 염려가 많은 T씨가 불안해야 할 일도 염려해야 할 일도 없기 때문에 무사히 통과된 것이다.

불안과 안정, 작용 반작용의 원리

앞의 사례에서 봤듯, 불안염려형을 설득하는 가장 좋은 방법은 그들의 불안과 염려를 모두 해소해주는 것이다. 이런 유형의 사람들은 항상 불안과 염려로 어려움을 겪고 있기에 본능적으로 안정을 추구하는 경향이 함께 나타난다. 이것은 마치 작용 반작용의 원리처럼 불안염려의 작용에 안정을 추구하는 반작용이 일어나는 것이다.

차를 살까 말까 망설였던 고등학교 선생님의 경우를 예로 들자면, 할부금에 대한 불안을 없애기 위해 한 단계 아래의 차(품위를 잃지 않으면서도 가격은 좀 더 싼 차)를 추천해주는 것도 좋은 방법이 될 수 있을 것이다. 또 아내의 핀잔을 걱정하는 그의 염려를 덜기 위해 아내와 함께 상담해주는 것도 하나의 방법이 될 수 있다. 이처럼 불안염려형 사람들의 거절을 극복하기 위해서는 그들을 어떻게 하면 안정된 상태로 이끌어줄 것인가로 접근하는 것이 최선의 방법이다. 실제 나는 이런 방법을 시도한 끝에 마침내 그 고객에게 거절당하지 않고 차를 파는 데 성공할 수 있었다.

또한 불안염려형은 안정을 추구하다가 완벽주의로 흐를 가능성도 있다. 조금이라도 불안한 구석이 있으면 안정감을 느낄 수 없기 때문에, 매사에 신중을 기하다보니 완벽주의를 지향하게 되는 것이다.

만약 자신이 불안염려형 가정주부라면 집안일, 예컨대 청소, 정리정돈 등에서 완벽을 기하려 할 것이다. 그래야 안정감을 느낄 수 있기 때문이다. 만약 자신이 불안염려형인데 T부장처럼 관리직이면 회사의 서류나 기물 배치, 건의안 등에 대하여 완벽을 기하려 할 것이다. T부장이 매우 논리적이고 계산적이었던 단 하나의 건의안만 받아들였던 이유도 바로 이런 완벽주의가 작용한 것이며, 이 건의안이 자신에게 안정을 가져다주었기 때문이다. 우리는 T부장의 경우에서 불안염려형 상대에게 거절당하지 않는 한 가지 방법을 발견할 수 있다. 바로 상대가 안심할 수 있을 정도로 논리적이고 잘 계산된 제안을 하는 것이다. 그럴 경우 불안염려형 상대는 비로소 거절을 철회

하고 당신의 제안을 받아들일 수 있게 된다.

『4인의 거장, 세일즈를 말하다』는 세계적인 설득 커뮤니케이션 전문가인 저자가 자신의 커리어에 가장 큰 영향을 미친 세일즈 거장들의 비법을 정리한 책이다. 세일즈에 관한 다양한 지침을 얻을 수 있는 책인데, 고객의 불안을 해소하는 방법에 대해서도 나름의 통찰을 제공한다. 그중 몇 가지를 나의 경험과 더불어 정리해보자면 이렇다.

첫째, 고객에 관한 모든 정보를 수집하라.

책은 "고객은 당연히 의심이 많고 회의적이기 마련"이라고 말한다. 즉 불안염려형뿐 아니라 일반적으로 고객은 영업자의 제안에 의심을 갖고 대할 수밖에 없다는 것이다. 그러나 고객에 관한 정보를 수집하고 활용함으로써 영업자는 미심쩍은 적에서 동료로 변할 수 있다는 것이 책의 주장이다.

그렇다면 고객에 대해 어떤 정보를 수집해야 할까. 키와 체중, 재산 상태, 종교 및 정치적 성향, 취미는 물론 좋아하는 음식까지 알아야 한다. 말 그대로 '모든 정보'를 수집하라는 것이다. 앞의 사례를 다시 살펴보자면, 나와 고등학교 교사의 경우 나는 그의 직업이나 재산 정도는 알았으나 그와 아내의 관계까지는 알아보지 못했다. 그렇기에 아내의 잔소리에 대한 그의 불안을 미리 상쇄하지 못한 것이다. '뭐, 이런 것까지 알아야 하나' 하는 의문이 들 정도로 그에 대해 구체적인 정보를 갖고 있어야만 고객의 모든 염려를 해소할 수 있다는 사실을 알지 못했던 것이다.

둘째, 과장하거나 얼버무리는 표현을 쓰지 말라.
영업을 하다보면 '아주' '확실히' '진정으로' '대단히' '명백히' '중대한' 등 구체적인 근거 없이 자신의 이야기를 수식하는 단어들을 쓰기 쉽다. 하지만 이런 표현을 쓰면 상대방의 거짓말 탐지기가 화재경보기처럼 재빨리 작동에 들어간다고 한다. 확신이 없으니 과장된 표현을 사용한다고 생각하는 것이다. 얼버무리는 표현 역시 상대의 의심을 굳히기 마련이다. T부장을 설득한 단 하나의 기획안처럼 구체적인 근거와 정확한 통계로 상대를 설득하고, 얼버무리거나 주저하지 않고 확신에 가득찬 어조로 상대를 대해야 한다.
또 한 가지 유효한 전략은 '제3자의 말'을 인용하는 것이다. 『말하는 습관이 운명을 바꾼다』라는 책에 따르면 제3자의 말을 인용하는 것은 내가 아닌 다른 사람으로 하여금 내가 하고 싶은 말을 대신 전하는 방법이다. 예를 들어 내가 판매하고 있는 세탁기의 성능이나 수명에 관해 고객으로부터 질문을 받았을 경우, 상품설명서에 나오는 천편일률적인 설명보다는 이 제품을 이미 구매한 고객의 말을 인용하는 것이 좋다.

"요 앞에 사시는 철수 어머니도 3년 전에 이 제품을 구입하셨거든요. 그런데 어제 만나뵈었더니 아직도 쌩쌩하게 잘 돌아간다며 오히려 저한테 고마워하시더라고요."

즉 영업자가 상품의 장점을 설명하는 것은 그저 팔기 위한 말로 여겨지지만, 비슷한 입장의 고객의 말을 빌리면 더 객관적이게 되는 것이다. T부장의 에피소드에서 배울 수 있는 또 하나의 사실은 불안염려형의 사람들이 누군가에게 의지하려는 경향이 짙다는 점이다. 스스로 결단을 잘 내리지 못하는 우유부단함을 가지고 있는 대신 그 결정을 누군가에게 의지하려는 마음이 크기에 이런 성향을 잘 이용하면 거절을 극복하는 방법을 찾을 수 있다.

불안염려형 영업자 VS 불안염려형 고객

그렇다면 나 역시 불안염려형이라면 어떨까? 즉 영업자가 불안염려형인 경우에는?

어느 날 Q가 일하는 영업소로 한 통의 전화가 걸려왔다. 수화기 너머에서 중저음의 목소리가 들려왔다.

"여기 ○○회사인데요. 트럭 한 대 사려고요. 사업자등록증 보내드릴 테니 차 좀 보내주시기 바랍니다."

"네, 알겠습니다. 그런데 계약서는……"

Q의 말이 미처 끝나기도 전에 상대는 전화를 딸깍 하고 끊어버렸다. 신중한 성격의 Q로서는 용납할 수 없는 일이었다. 그는 다시 그쪽으로 전화를 걸었다.

"먼저 계약서를 쓰시고, 계약금을 지불해야 차를 보내드릴 수 있습니다만."

"아니, 지금 바쁘니까 일단 차부터 보내주세요. 안 됩니까? 지금껏 그렇게 해왔는데요. 하루 이틀 거래한 것도 아니고, 나참."

Q는 상대가 더 이상 대화가 불가능한 고객이라는 판단이 들었다.

"계약서도 쓰지 않고 차를 출고할 수는 없습니다. 무슨 일이라도 생기면 어떻게 하려고요?"

"참나, 영업소가 어디 거기뿐이요!"

그렇게 Q와 고객의 대화는 단절되고 말았다.

'만약 계약서도 없이 차를 출고했다가 무슨 일이라도 생기면 어쩌라고?'

Q는 큰 거래 하나를 놓친 것이 안타깝긴 했으나 문제를 미연에 방지했으니 잘한 일이라고 스스로를 위안했다. 그런데 그 고객이 영업소장에게 항의를 해 Q에게 불호령이 떨어지고 말았다. 실제로 다른 영업자들은 계약서 없이도 종종 차를 출고한 적이 있다는 것 아닌가.

"자네, 그렇게 융통성이 없어서 어떻게 하나? 처음 거래하는 곳이라면 당연히 신중을 기해야겠지만, 거기는 이미 오랫동안 거래해온 것이잖아."

소장의 호통을 들으면서도 Q는 소장과 다른 영업자들의 행동이 도무지 이해가 되지 않았다.

'그러다 무슨 일이라도 생기면 어쩌려고!'

우리 주변에는 Q처럼 신중한 성격의 소유자들이 제법 있다. 흔히 '완벽주의자'라 부르기도 한다. 이런 유형의 사람들은 어떤 일을 함에 있어 완벽을 기하려 한다. 이 성격 유형의 사람들은 자신이 처리하는 일에 있어 뭔가 기준에 맞지 않으면 좀처럼 용납하지 못하는 성격이다.

사실 정상적인 방법에는 어긋나지만, 과거 영업을 할 때 계약서 싸인 없이도 영업자의 재량에 따라 차를 출고하는 일은 종종 있었다. 물론 고객이 사정상 워낙 급하게 차가 필요한 경우에 한해서이고 문제가 생기면 영업자의 책임이었다. 위험부담이 크기에 당연히 신중하게 판단해야 한다. 어쨌든 이런 경우 고객의 사정을 감안하여 차를 뽑아 직접 가져다준다. 고객의 입장에서도 사실 있을 수 없는 경우가 발생한 것이다. 계약금 한 푼 주지 않았는데 차 한 대가 덥석 자기 눈앞에 와 있으니 말이다. 이때 고객과 영업자는 아주 *끈끈한* 관계가 된다. 그리고 고객은 받은 호의를 갚기 위해 충성고객으로 돌변한다.

Q가 잘못했다는 것이 아니다. 정도를 걷고자 한 그의 판단은 당연히 옳다. 다만 그가 조금만 융통성을 발휘했더라면 어땠을까, 하는 아쉬움이 묻어나온다. 물론 불안염려형인 그의 입장에서 계약서도 없이 차를 출고하는 일은 상상도 못해봤을 것이다. 하지만 영업맨에게 있어 정도를 지키는 것 못지않게 중요한 일은 영업을 성공시키는 일이다. 아니, 보다 정확히 말하면 고객과의 관계를 유지하는 일이다.

Q의 사례에서 체크할 포인트는 상대가 오랜 거래처였다는 것이다. 다시 말해 Q는 리스크에 대한 불안과 염려

로 오랫동안 신뢰를 쌓은 고객을 잃어버리는 중대한 실수를 범하고 만 것이다. 만약 그 순간 융통성을 발휘할 수 있었다면, 고객이 급하게 차를 출고해야만 하는 이유를 듣는 시간을 가질 수 있었을 것이다. 그런 가운데 서로 타협점을 찾을 수 있었을 것이고 말이다. 편법을 쓰지 않고도 고객의 요구를 실현시킬 방법을 찾을 수 있었을지도 모른다. 생각해보라. 만약 성공시킬 경우 더욱 강력한 충성고객이 되어 고객을 다발로 끌어왔을 고객을 단 한번의 판단으로 놓치고 말았으니, 이 얼마나 손실이 큰가.

세상의 일이 한 길로만 흘러가는 법은 없다. 어떤 길이 막히면 또다른 길이 있는 게 세상의 이치다. 그런 면에서 불안염려형들은 마치 자신이 정한 어떤 길에 갇혀 있는 듯하다. 불안염려형 영업맨들은 반드시 융통성을 기르는 훈련이 필요하다. 영업에서는 온갖 경우의 수가 발생하기 때문이다.

물론 불안염려형 영업맨이 빛을 발하는 순간도 있다. 고객이 불안염려형일 때다. 불안염려형 고객은 그 어느 유형보다 설득하기 까다롭다. 매우 분석적이고 조심스러우며 완벽을 기하기에 영업행위 과정에서 조금만 틀어져도 계약이 깨질 가능성이 매우 높다. 만약 털털한 성격의 사교형 영업자가 대충 들이밀다가는 그대로 거절당하기 쉽다. 또 막무가내로 밀어붙이는 주도형 성격의 영업자도 당하기 딱 쉬운 유형이 바로 불안염려형 고객일 것이다. 정리하자면 이렇다.

불안염려형 고객에게는 불안염려형 영업맨이 제격이다. 불안염려형 영업자라면 영업의 전반적인 과정에서 고객의 요구에 맞게 완벽을 기하려 할 것이다. 이런 모습이 불안염려형 고객을 안정시키고 그들에게 신뢰를 줄 것은 당연지사다.

반찬가게 근처에 CCTV가 없어야 하는 이유

나의 이야기를 꺼내보도록 하자. 최근 나는 반찬 전문 프랜차이즈 장독대에서 상무로 재직하며 영업 관리를 하고 있다. 가맹점을 내고자 찾아오는 사람들을 만나서 입지 선정부터 영업 컨설팅까지 전반적인 준비를 도우며 거래를 성사시키는 것이 주요 업무다. 솔직히 자동차 영업에 비해서는 수월하다. 가맹점에 대해 문의하기 위해 찾아오는 사람들은 이미 사업을 할 마음을 먹고, 여러 프랜차이즈에 대해 다양한 정보도 입수했기에, 반 정도는 설득된 상태에서 영업을 시작하는 것이기 때문이다. 하지만 바로 그래서 어렵기도 하다. 앞으로의 생계를 책임질 거래를 하는 일이기에, 구체적인 정보와 근거 있는 설득에도 쉽게 불안과 염려를 떨쳐버리지 못하기 때문이다.

이들의 불안과 염려를 덜어내고 거래를 이끌어내는 비결은 역시 철두철미한 정보와 타당한 근거를 바탕으로 한 확신이다. 상담을 받기 위해 고객이 찾아오면 나는 일단 함께 차를 타고 나가 그가 가맹점을 내려는 동네를 살피면서 입지에 대한 설명부터 시작한다. 이 동네에서는 어떤 위치가 좋은지를 이야기하면서 다음과 같이 그 이유를 조목조목 열거한다.

예를 들어 위치를 선정할 때는 CCTV가 없는 곳이 좋다. 반찬을 구매하는 고객들은 퇴근길이나 외출에서 집으로 돌아가는 길에 들리는 경우가 많다. 잠깐 차를 세우고 필요한 반찬만 사서 가고 싶은데 CCTV가 있는 곳은 주정차 단속에 걸릴 위험이 있어 주저하게 되므로, 고객이 마음 놓고 구매할 수 있는 위치의 확보가 필요한 것이다. 사실 이것은 어떤 상권 분석에도 등장하지 않는 이야기다. 보통 인구가 밀집된 지역일 것 등 원론적인 이야기만 하는 경우가 많은데, 나는 아주 실질적인 팁을 들려줌으로써 고객이 미처 생각하지 못했던 부분까지 알려주려고 한다. 이외에도 횡단보도가 근처에 있어서 접근이 편하거나 그게 아니라면 무단횡단을 쉽게 할 수 있는 곳이 좋다든지, 버스정류장이나 지하철역에서 집으로 돌아갈 때 거치는 동선에 가게가 있어야 한다든지 등 입지 선정과 관련한 모든 정보를 아낌없이 제공한다.

또한 주변에 아파트가 4천 세대 이상은 되어야 하는데, 그래야 일주일 영업이 돌아가기 때문이라는 이야기도 빼먹지 않는다. 대부분 반찬을 구매하는 사람들은 매일 가게를 찾지 않는다. 일주일에 1~2회 정도 반찬을 사러 오는 것이 보통이다. 그래서 주변에 4천 세대 이상은 확보가 되어야 일주일의 영업이 순조롭게 돌아가는 것이다. 다만 일주일 동안 매일의 매출은 편차가 있다. 금요일에는 약속이 많아서 매출이 평소의 절반 수준이며, 주말에는 배달음식을 시켜 먹는 경우가 많아서 매출이 적다. 대신 월화수요일의 매출이 높아서 다른 요일의 매출을 메울 수 있다. 이런 사이클을 알면, 해당 요일마다 어떤 반찬을 얼마나 준비할지의 계획을 세울 수 있다. 물론 직접 가게를 운영해보면 자연스레 터득할 수 있는 것이지만, 초기부터 이런 원리를 알고 준비한다면 훨씬 효율적으로 운영할 수 있는 것은 당연하다.

이 프랜차이즈가 평균 매출이 얼마나 되는지, 가맹점들이 진짜 수익을 올리고 있는지 정도가 궁금해 회사를 찾았던 고객들은 이처럼 상세한 설명을 듣고 나면 놀라움을 금치 못한다. 자신들이 드러내지 못한 불안과 염려까지 미리 모두 제거해주니, 열이면 열, 믿음을 갖고 계약서에 도장을 찍기 마련이다.

당신은 어떤가? 고객이 쉽게 결정을 내리지 못한다며 답답해만 할 것인가, 아니면 고객이 결정할 수 있도록 도울 것인가? 각각의 선택이 어떤 결과를 가져올지는 굳이 설명하지 않아도 알 것이다.

고객이 좀처럼 결정을 내리지 못한다면
객관적이고 종합적인 설명을 통해
그들에게 다가가자

고객, 특히 불안염려형 고객을 부추기는 것은 금물이다.
천천히 준비하자. 고객에 관한 모든 정보를 수집하고,
고객에게 모든 정보를 제공해라.
그러면 그들의 불안과 염려는 알아서 사라질 것이다.

"혹시 더 싸게 살 수 있는 건 아니죠?"

"사은품은 없나요?"

과거 지인의 소개로 한 여성 고객을 만나게 되었다. 처음 그녀를 본 순간 '조금 기가 세고, 까다로울 것 같다'는 촉이 왔다. 아니나 다를까. 그녀의 요구는 장난이 아니었다.

제일 먼저 차 값을 깎아달라고 했다. 최대한 비용을 낮춰서 제시했는데도, 막무가내였다. 당시 나는 영업왕에 올라 있을 때였고, 이 타이틀을 어떻게든 유지하려는 욕심이 컸다. 계약 한 건, 한 건이 간절했기에 어떻게든 그 계약을 성사시키려는 마음이었다. 그런데 당시 영업사원이 차 값을 깎아줄 수 있는 방법이라곤, 자신의 수당 일부를 포기하는 것밖에 없었다. 울며 겨자 먹기로 수당 중 일부를 희생해 가격을 할인해주었다. 하지만 그녀는 만족하지 않았다. 그 정도로는 성에 차지 않는다며 더 깎아달라는 것이 아닌가. 결국 내 수당 전부를 포기하며 요구를 들어주었다. '돈'을 포기하고, '타이틀'을 택했던 것이다.

그제서야 드디어 그녀가 차를 사겠다고 했다. 이후 계약은 일사천리로 진행되어 마침내 차가 출고되었다. 나는 또 한 대의 차를 파는 데 성공했다고 생각하며, 올해 두 판매왕이 될 꿈에 부풀어 있었다. 그런데 자동차가 출고된 날, 영업소로 날벼락 같은 전화가 왔다.

"차는 받았는데요. 친구 이야기를 들어보니까, 그 친구는 가죽 시트를 받았다고 하더라고요. 왜 저는 안 해주시는 거죠?"

그야말로 카랑카랑한 목소리였다. 원하는 요구를 다 들어줬는데도, 자신만 손해를 보는 것 같다며 따지고 들다니. 지금은 '옵션'이라고 해서 처음부터 차 가격에 모든 것이 포함되지만 당시만 해도 그렇지 않았다. 그래서 영업사원들을 통해 가죽 시트 같은 용품을 서비스로 받던 시절이었다. 물론 영업사원이 고객에게 서비스를 주기 위해서는 자신이 별도의 비용을 지불해야 했다.

이미 차 가격을 대폭 할인했기에, 서비스까지는 어렵다고 답했다. 그러자 그녀는 계약을 파기하겠다며 차를 다시 가져가라고 했다. 도저히 참을 수 없었다. 혈기왕성했던 30대였던 나는 화를 주체하지 못하고, "해도 해도 너무하시는 것 아니냐"며 소리를 질렀다. 그러자 그 고객도 발끈하며 서로 언성을 높이게 되었다. 전화기를 통해 고성이 오갔고, 분을 참지 못한 나는 책상을 내리치다가 손을 다치기까지 했다. 결국 주변 사람들의 만류로 상황은 일단락되었고, 그녀가 계약을 파기하지는 않았다. 사실 그녀도 자신이 엄청나게 저렴한 가격에 차를 샀다는 사실은 알고 있었던 것이다. 다만 하나라도 더 받아야 직성이 풀리는 성격이었던 탓에 무리한 요구인 줄 알면서도 요청했던 것이었다.

머릿속에서 끊임없이 계산기를 두드리는 고객들

사람들은 어떤 결정을 내려야 할 때 이해타산을 따지기 마련이다. 손해를 보고 싶어하는 사람은 아무도 없다. 그렇다 하더라도 대부분 적정선을 지킨다. 상식을 넘지 않는 한도 내에서 이해타산을 따지고 잇속을 챙기는 것이다. 그런데 간혹 적정선을 넘어서는 사람들이 있다. 이들은 자신이 조금이라도 손해를 보다고 생각하면 절대 계약하지 않으며, 무조건 자신의 이득만을 중시한다. 이런 계산형의 거절은 극복하기가 쉽지 않다. 실제로 이익을 주지 않으면 좀처럼 마음을 돌리지 않기 때문이다. 그럼 대체 어떻게 계산형을 상대해야 할까?

희망경영 강의를 진행하면서 부동산업을 하는 40대 초반의 P를 만나게 되었다. 그는 딱 보기에 냉정한 분위기를 풍겼으며 눈빛이 무서웠다. 내가 강의 프로그램에 대해 설명하자 겉으로는 열심히 듣는 척했으나 머릿속에서는 끊임없이 계산기를 두드리는 듯했다. 30년 영업 인생의 촉으로 그의 생각을 읽은 나는 이 강의를 들었을 때 어떤식으로 유익한지를 구체적으로 설명해주었다. 실제 사례를 바탕으로 한 이야기에 설득되었는지, P는 결국 강의를 수강하겠다고 했다.

하지만 다시 만나 원서를 쓰기로 한 날, 그는 모습을 드러내지 않았다. 아마도 집으로 돌아가 다시 계산기를 두드려보니 별로 이득이 될 것이 없다고 판단했던 모양이다. 그래도 포기하지 않았다. 1년 후, 그에게 다시 강의 수강을 제안했다. 조금만 더 당겨주면 마음이 움직일 것 같았기 때문이다. 오랜 설득 끝에 드디어 OK 사인이 떨어졌다.

문제는 그때부터였다. 강의를 수강하면 최대한 많은 도움을 주겠다는 나의 약속을 들먹이면서 툭하면 상담을 요청하는 전화를 해대는 것이었다. 당장 달려와달라는 요청에 부동산을 찾아가면, 사업 관련 애로사항을 줄줄이 늘어놓곤 했다. 그때마다 하나하나 경청하면서 나름의 해결방법을 제시하느라 진땀을 빼야 했다. 영업맨으로서 쌓아온 모든 노하우를 하나도 빠짐없이 전수하고 있다는 생각이 들었지만, 내가 했던 약속이니 이제 와서 발을 뺄 수도 없는 노릇이었다. 그런데 그는 "사모임에서 간부를 하고 싶은데 도움을 달라"는 사적인 영역에서의 부탁까지 해왔다. 그때는 정말이지 '내가 지금 대체 뭘 하고 있는 건가' 하는 자괴감마저 들었다.

어쨌든 나의 '미련한' 노력 덕분인지, 그는 강의에 잘 나왔다. 그럼에도 불구하고 나의 마음은 불안했다. 아니나 다를까. 강의가 끝나자마자 그는 나와의 관계를 완전히 끊어버렸다. 더 이상 내게서는 얻을 것이 없다고 판단했던 모양이다. 강의 수료 후에도 수강생들과 끈끈한 관계를 유지하던 내게는 꽤 충격적인 사건이었다.

이것은 나의 실패 사례다. 당시 나는 그가 계산형이라는 사실을 간파하지 못한 채 그의 수에 말려들고 말았다. 내가 무엇을 잘못한 걸까? 계산형 상대에게 계산형으로 맞선 것이 실수였다. 사실 나 역시 그를 어떻게든 수강생으로 삼아서 수강생 수를 늘리고, 발넓은 그의 인맥을 활용해 더 많은 수강생을 소개받으려는 계산을 했었다. 그 욕심이 분별력을 잃게 만든 것이다. 그의 마음을 사려고 전전긍긍하다보니, 그에게 질질 끌려다녔던 것이다. 진정으로 그의 문제를 해결해주려 하기보다 그저 입맛에 맞는 행동을 해주었던 것이다.

이때의 경험을 바탕으로 나는 계산형을 어떻게 대해야 할지, 하나의 깨달음을 얻을 수 있었다. 바로 나의 이익을 따지려 하지 말고, 진정으로 상대의 필요를 채워주는 것이었다. 이 원리는 또 하나의 사례에서 그대로 증명되었다.

'머리'에는 '가슴'으로 맞서라

이번에는 만난 사람은 50대 중반의 건어물 유통업을 하는 사업가였다. 내가 강의 프로그램을 소개했을 때 처음 그녀의 반응은 시큰둥했다. 자기에게 무슨 도움이 되겠냐는 것이었다. 사실 그녀의 사업은 이미 안정되어 있었기에 업무적으로 별다른 도움이 필요치 않은 상황이었다. 예전이라면 그럼에도 어떻게든 설득하려 했겠지만, 이미 계산형에게 여러 번 큰 코 다친 나는 전략을 바꾸었다.

"네, 맞는 말씀이십니다. 사실 저도 정말 제 강의가 필요한 분이 아니라면 굳이 권하고 싶지 않습니다. 물론 강의를 통해 수익을 올리고 있긴 하지만, 단순히 돈만 버는 게 목적이 아니니까요. 저는 제 강의가 수강생 한 분 한 분에게 실질적인 도움이 되기를 바라고 있습니다."

순간 그녀의 표정이 살짝 풀어졌다. 당연히 자신을 설득해 수강하게 만들 줄 알았는데, 도움이 되지 않는다면 강의를 듣지 않아도 된다고 나오니 놀랍기도 하고 당황했던 모양이다. 그때부터 우리의 대화는 완전히 다른 방향으로 흘러갔다. 이미 강의 영업은 하지 않겠다고 선언한 나는 이런저런 사는 이야기를 늘어놓으면서 그녀에게 이런저런 질문을 던졌다.

"사장님은 이미 많은 것을 이루셨는데, 더이상 바라실 게 없겠습니다. 그래도 또 분명 고민이 있으시겠죠?"

"요즘 어떤 일에 관심이 많으십니까?"

그녀는 다소 경계심이 풀렸는지 조금 개인적인 이야기를 털어놓기 시작했다.

"사실 큰아들이 지금 사이버대학에 다니고 있는데, 학벌이 다소 떨어지는 건 아닌지 고민이에요."

그때 번뜩 떠오르는 생각이 있었다. 내가 다니고 있던 K대 대학원에 사이버대학 출신이 더러 있었는데, 그녀의 아들이 더 공부해보겠다는 마음만 먹으면 K대 대학원에 충분히 들어갈 수 있겠다는 생각이었다. K대 대학원은 그래도 꽤 알아주는 대학원이었다. 나는 이 이야기를 그녀에게 들려주었고, 당장 그녀의 큰아들과 나의 진로 상담이 이루어졌다. 나는 내 경험과 주변 사람들의 사례를 들어가며 그에게 자신감을 불어넣었고, 다행히 그녀의 아들은 한 번 도전해보겠다는 다짐으로 보답해주었다.

이 일이 무척이나 그녀를 기쁘게 했던 모양이다. 자신에게 별로 득이 될 것이 없다며 거절하던 그녀는 즉시 내 강의를 수강했다. 게다가 내가 강의뿐 아니라 자동차 영업도 하고 있다는 사실을 알고는 벤츠를 한 대 구매하기까지 했다. 자동차 영업자에게 벤츠 한 대 판매는 일반 차 몇 배의 수익을 가져다준다. 나로서는 눈앞의 이익을 포기한 순간, 어마어마한 이익이 생긴 셈이다.

이 사례로 계산형에게 어떻게 다가가야 할지 어느 정도 감을 잡을 수 있을 수 것이다. 바로 계산형 앞에서는 절대 나의 이익을 챙기려 해서는 안 된다는 것이다. 내가 잇속을 따질수록 상대는 더욱 빠르고 철두철미하게 계산기를 두드린다. 이해타산에 이해타산으로 맞서서는 절대 계산형을 이길 수 없다.

계산형을 상대할 때는 아예 다른 접근이 필요하다. 즉 그가 계산기를 두드릴 수 없는 영역으로의 전환이다. 고객이 머리로 이익을 따질 때, 영업맨은 가슴으로 이해를 보여야 한다. 나와 건어물 사업가의 사례처럼 말이다. 마음을 열고 다가갈 때 의외로 계산형은 자신의 본질적인 문제들을 드러낼 가능성이 매우 높다. 왜냐하면 그들은 오랫동안 자기만의 세계를 고수해왔기에 그동안 억누른 것들이 많기 때문이다. 그리고 이 순간을 놓치지 말아야 한다. 상대의 문제를 나의 문제처럼 여기며 함께 해결하고자 하는 노력의 자세를 취해야 한다. 이때 주의해야 할 것은 절대 '도운다'는 개념으로 접근해서는 안 된다는 사실이다. 대신 나눔의 개념으로 다가가야 한다. 나눔은 오직 상대를 위해서만 하는 것이 아니라 나를 위해서도 하는 것이 되기에, 상대에게 진정성 있게 다가갈 수 있기 때문이다.

질문을 개발하라

고객의 머리에 영업자의 가슴으로 맞서라는 주문이 좀 모호하게 느껴지는 사람이라면 참고할 만한 것이 있다. 이는 『초보세일즈가 꼭 알아야 할 48가지』라는 책에 등장하는 질문들 중 일부를 발췌한 것인데, 이를 참고로 자신의 상황에 맞는 질문을 직접 만들어보길 권한다.

개방형 질문

1. 선생님께서는 어떻게 이 일에 종사하시게 되었나요?
2. 선생님 고향이 어디시죠?

폐쇄형 질문

1. 선생님께서는 골프를 하신 지 얼마나 되셨나요?
2. 지금 하시는 일이 마음에 안 드신다면 어떤 일을 하고 싶으십니까?

OX형 질문

1. 사는 곳이 마음에 드시나요?
2. 가족과 충분한 시간을 보내시나요?

앞서 나와 건어물 유통업을 하던 고객의 경우를 예로 들자면, 나는 "그래도 또 분명 고민이 있으시겠죠?" "요즘 어떤 일에 관심이 많으십니까?" 같은 질문을 통해 상대에게 진정한 관심을 표하고 마음의 문을 두드렸던 것이라 할 수 있다. 이러한 질문들을 많이 개발해야만 고객에게 진심을 전할 수 있다.

어차피 볼 손해라면 과감하게, 남김없이

계산형 고객에게는 가슴으로 상대하는 전략이 필요하지만, 이것이 항상 통하는 전략은 아니다. 오직 물질적인 요구만 하는 고객도 있기 때문이다. 대체 그럴 때는 어떻게 해야 할까?

이미 계약금도 치르고 차가 나왔는데, 갑자기 고객이 거래를 취소하겠다고 한 적이 있었다. 집에 일이 생겨 목돈이 필요한 상황이 되어 차를 살 수 없다는 것이다. 난처하기 그지없는 상황이었다. 자동차는 담당자의 책임이다. 이미 출고된 자동차는 돌려보낼 수 없고, 어떻게든 팔아야만 하는 것이다. 하지만 이미 해당 고객의 요구에 맞춰서 출고된 자동차를 다른 고객에게 팔기란 결코 쉬운 일이 아니다. 어떻게든 문제를 해결해야 한다는 마음에 서둘러 고객을 찾아갔다. 오랜 시간 동안 어떤 사정이든 최대한 편의를 봐주겠다며 이야기를 풀어가니, 결국 그가 속내를 털어놓았다.

"사실은 말입니다…… 이번에 차를 구매하면서 제가 기존에 타던 차는 100만원으로 쳐준다고 하셨잖아요? 그런데 300만원으로 쳐준다면서 자기네 차를 구매하라는 사람이 나타나서요. 200만원이면 적은 돈도 아니고. 서 부장님한테는 죄송하지만, 저로서는 계약금을 포기하더라도 그쪽에서 사는 게 이득이라서요. 거참, 죄송하게 됐습니다."

소위 말해서 다른 영업소에서 '고춧가루'를 뿌린 것이었다. 지금이야 이런 식의 가로채기나 편법은 없지만, 과거에는 이런 일이 왕왕 벌어졌다. 예전의 나라면 아마도 "이런 말도 안 되는 경우가 어디 있냐"며 화를 냈겠지만, 앞서 살펴봤듯 계속 무리한 요구를 하던 고객과 언쟁하고 계약 파기 직전까지 겪으면서 깨달은 사실이 하나 있었다. 바로 손해를 볼 수밖에 없다면 과감하게, 남김없이 손해를 봐야 한다는 것이다. 나는 사비를 털어 200만원을 더 깎아주었고, 결국 출고된 차를 무사히 그에게 전달할 수 있었다.

이쯤에서 의문이 드는 사람도 있을 것이다. '아니, 영업은 결국 돈을 벌려고 하는 건데, 사비까지 털어가며 거래를 성사시키는 것이 무슨 의미가 있다는 거야?' 이런 생각이 드는 것도 당연하다. 내가 손해를 감수하면서 거래를 성사시킨 것은 단순히 실적을 쌓기 위해서가 아니었다. 거기에는 두 가지 이유가 있다.

첫째, 이미 출고된 차는 어떻게든 빨리 해결하는 것이 좋아서였다. 출고된 차를 공장으로 돌려보낼 수 없으니, 지점 앞이나 전시장에 차를 놔두어야 하는데 그것을 보는 일은 그야말로 큰 스트레스일 터였다. '아, 저 차 빨리 팔아 치워야 하는데. 내가 싼 똥 내가 치워야 하는데'라는 생각으로 골머리를 앓다보면 다른 영업에 집중하기 힘들 게 분명했다. 또한 이미 다른 고객의 요구에 맞춰 출고된 차를 팔려면 할인 등 혜택을 얹어주어야만 할 상황이었다. 그렇다면 원래의 고객에게 차를 파는 것이 여러모로 효율적이라는 판단이었다. 잠깐의 손해는 발생하지만, 장기적으로 영업을 하는 데 있어서는 집중력을 높여서 매출을 올리면 된다고 생각한 것이다.

둘째, 지금 한 명의 고객을 잃는 것이 장기적으로 수십 명의 고객을 잃는 일이라는 판단에서였다. 애초에 그 고객이 신의를 저버리고 이익을 택한 것이니, 그가 나에게 나쁜 마음을 먹을 리는 없었다. 이후의 영업을 방해할 일은 없으나 달리 생각하면 그가 이후의 영업을 도와줄 이유도 없는 것이다. 그런데 미안한 마음을 갖고 있는 그에게 오히려 더 큰 미안함과 감동을 안기면, 그는 자연스레 내 편이 될 수밖에 없다는 생각이 들었다. 실제로 그는 이후 자신의 지인들이 차를 구매할 일이 생기면 무조건 내게 연결을 해주었다. 잠깐의 손해가 장기적인 이익으로 이어진 것이다.

영업을 하다보면 어쩔 수 없이 손해를 봐야 하는 경우가 발생한다. 이때는 당장의 손실을 생각하기보다 장기적인 투자라는 관점에서 접근하는 것이 좋다. 지금 잃을 것보다 나중에 얻을 것을 생각하며, 과감하게 남김없이 손해를 본다면 아무리 잇속 빠른 계산형 고객이라도 마음이 움직이고 말 것이다.

겸손이란, 나를 낮추는 것이 아니라 상대를 높이는 일

우리는 지나치게 계산적인 사람을 일컬어 '깍쟁이'라 부른다. 더 나아가 깍쟁이 짓이 지나칠 때 '뺀질이'라고 부르기도 한다. 공동체 속에서 열심히 일하는 사람들 입장에서 깍쟁이 짓을 하거나 뺀질이 짓을 하는 사람들을 보면 울화통이 터지는 심정을 갖게 된다. 그만큼 깍쟁이 짓이나 뺀질이 짓이 얄밉고 미워 보이기 때문이다.

특히 군대 생활을 경험한 남자들이라면 매우 공감되는 이야기일 것이다. 함께 고생하는데 깍쟁이나 뺀질이들 때문에 자신이 피해를 본 경험이 분명 있을 것이다. 그런데 참 이상한 것은 깍쟁이나 뺀질이들은 편하게 군생활을 하는 반면, 묵묵히 열심히 일하는 사람들은 어렵게 마음고생까지 하는 경우가 많다는 사실이다. 도대체 누가 잘하고 누가 잘못하는 것인지 헷갈리는 부분이라 하지 않을 수 없다.

물론 자신에게 이득이 되는 행동만 하려는 깍쟁이나 뺀질이들이 다른 사람에게 피해를 주는 경우가 많다. 그런데 이쯤에서 생각해보자. 그렇게 심한 경우는 아니더라도, 이해타산을 따지지 않는 사람, 머릿속에서 계산기를 두드리지 않는 사람이 과연 있을까? 이해타산을 따지는 행동은 사실 이 세상을 살아가면서 살아남기 위해 인간이 취하는 최소의 행동 양식이라 할 수 있다. 만약 이해타산을 따지지 않는다면 나는 손해 보는 일만 계속해야 할 테니까 말이다.

따라서 이제 계산형 상대를 만날 때 그에 대한 선입견

을 버려야 할 것이다. 사실 나도 이해타산을 따지는 존재이니 말이다. 내가 다른 영업자의 유혹에 흔들려 출고된 차를 포기하겠다고 했던 고객을 상대할 때, 그에게 화를 내지 않았던 이유도 여기에 있다. 나 역시 계산기를 두드릴 만큼 두드려본 사람으로서, '나라도 그렇게 하겠다'는 생각이 들었던 것이다. 생각이 여기에까지 이를 수 있다면 조금 더 겸손한 마음으로 계산형 상대를 대할 수 있게 된다. 뜬금없이 겸손이라니? 물론 이때의 겸손은 일반적인 의미의 겸손이 아니다. 이때의 겸손은 상대의 생각을 존중하고, 그를 어떻게든 이해해보려는 노력을 뜻한다.

영업에서의 겸손은 나를 낮추는 일이 아니다. 상대를 높이는 일이다. 즉 상대를 존중하는 마음을 갖겠다고 노력할 때, 비로소 진정 겸손한 마음이 생겨나기 시작한다. 그런데 어떻게 상대를 존중하는 마음을 가질 수 있을까? 조금 거창한 이야기일 수 있지만 상대가 선인이든 악인이든 잘난 사람이든 못난 사람이든, 모든 사람은 각자 역할이 있어 지금 그런 모습으로 살아가는 것이란 사실을 깨닫는 것이다. 또 인간은 그 자체로서 존엄성이 있다는 사실을 인정하는 것이다. 그러면 비로소 상대를 존중하는 마음을 갖기 시작할 것이다. 그리고 이와 같은 겸손으로 상대를 대할 수 있다면 이제 계산형 상대의 거절을 극복할 수 있게 될 뿐만 아니라 인간관계 모든 영역에서 커다란 성공을 맛보게 될 것임에 의심의 여지가 없다. 그만큼 겸손은 강력한 힘을 갖고 있는 최고의 덕목이기 때문이다.

주도형 영업자 VS 주도형 고객

계산형 고객은 다른 의미에서 주도형 고객이라고도 할 수 있다. 자신의 이익을 최대한 챙기기 위해 거래를 주도하려는 성향이 강하기 때문이다. 그래서 주도형 고객에 관한 이야기도 함께 해보고자 한다. 만약 주도형 영업자가 주도형 고객을 만나면 어떤 일이 벌어질까.

평화로운 주말 오전, 한 남성이 편의점을 가는 듯한 편안한 복장으로 부인, 아이들과 함께 영업소에 들어섰다. 대개 이런 경우는 구경만 하러 온 것이 아니다. 가족까지 대동했다는 것은 차를 살 마음이 어느 정도 있다는 것을 의미한다.

G는 재빨리 이 고객에게 접근했다. 그는 평소 영업소에서도 리더십이 강하다고 소문난 영업자였다. 매우 적극적인 태도로 어떤 고객도 거리낌 없이 상대하는 재주가

있어서 동료들의 부러움을 사기도 했다.

"신형 은색을 원하는데요?"

고객은 요즘 잘나가는 모델의 은색 차를 원했다. 그런데 G는 뜬금없이 고객을 다른 방향으로 유도하기 시작했다.

"하하, 고객님 은색도 좋긴 하죠. 그런데 이 모델은 대표색이 쥐색인데, 당연히 쥐색이 가장 잘나간답니다. 기왕이면 이 모델의 대표색을 사시는 게 더 좋지 않을까요?"

일순간 고객의 표정이 조금 일그러졌다. 하지만 G는 그것을 캐치하지 못한 채 계속 대화를 주도해갔다. G가 쥐색의 장점과 특징을 하나씩 열거할 때마다 고객의 낯빛은 더욱더 어두워졌다. 결국 고객은 G의 말을 끊었다.

"알겠습니다. 그런데 저는 은색이 아니면 필요없습니다."

그는 가족들을 데리고 영업소를 박차고 나갔고, G는 그들의 뒷모습을 멍하니 바라볼 수밖에 없었다.

주도형 영업자는 상대를 빨아들이는 카리스마가 있기에 영업에 매우 유리할 수 있다. 하지만 간혹 상대를 너무 밀어붙이다가 역효과를 보기도 한다. 고객이 부담을 느끼거나 불편하게 생각하는 일이 발생하는 것이다. 특히 고객 역시 주도형이라면 문제는 더욱 커질 수 있다.

G의 경우가 바로 이에 해당된다. G가 은색을 원하는 고객에게 쥐색을 들이민 데는 나름의 이유가 있었는데, 은색이 거의 품절 상태였기 때문이다. 만약 G가 신중한 불안염려형이었다면 다짜고짜 쥐색을 추천하는 대신, 현재 상황을 솔직히 설명하면서 어떻게든 은색을 구해주겠다고 약속했을 것이다. 하지만 평소 거래를 본인이 이끄는 방향으로 끌어가는 데 익숙했던 G는 그저 쥐색이 좋다고 설득할 뿐이었다. 물론 고객이 귀가 얇거나 유행에 민감한 스타일이었다면 "이 모델의 대표색은 쥐색"이라는 G의 회유에 넘어갔을 수도 있다. 문제는 그가 상대한 고객 역시 주도형이라는 데 있다.

이 고객은 영업소에 들어서자마자 다른 차는 둘러보지도 않고 자신이 원하는 모델과 색상을 바로 밝혔다. 자신이 원하는 거래가 아니면 들을 마음이 없었던 것인데, G가 이를 눈치채지 못한 것이 화근이었다. 그는 G가 자신이 원하는 색상이 아닌 다른 색상을 이야기할 때부터 마음이 상했으며, 더이상 대화를 유지할 이유가 없다고 느꼈을 것이다. 그래서 G의 말을 중간에 끊어버리고 나가버린 것이다.

주도형 고객을 대할 때는 예의를 갖추며 조곤조곤 설명하는 접근이 필요하다. 자신이 아무리 주도형이라도 이때에는 고객에게 주도권을 내주어야 한다. 자신의 의견이나 생각을 먼저 이야기하기보다 고객이 물어오는 것들을 귀기울여 듣고 그에 대한 답을 상세하게 늘어놓는 것이 더욱 효과적이다. 예를 들어 주도형 고객은 이런 질문을 던질 가능성이 높다.

"나한테 뭘 해줄 수 있나요?"

이때에도 갖고 있는 모든 걸 한번에 풀어서는 안 된다. "필요한 게 어떤 게 있으신가요?"라며 다시 한번 고객의 요구를 확인해야 한다. 주도형 고객은 바라는 것 또한 확실하기에, 이런저런 이야기보다는 원하는 바를 명확히 관철시켜주는 것이 좋기 때문이다.

만약 주도형 고객이 "어떤 색이 좋나요?"라고 물어온다면 여러 색을 나열하기보다는 두세 가지 색 정도만 간단히 추천하는 게 좋다. 주도형 고객은 대부분 심플하고 명료한 것을 선호하기 때문이다. 한편 주도형 고객이 두세 가지 후보 중 무엇을 선택할지 고민하고 있다면, 이때는 주도형 영업자가 치고 들어갈 타이밍이다. 망설이지 말고 "○○ 때문에 흰색이 최고입니다" 하고 명확한 근거를 들어 한 가지를 정확히 집어줘야 한다. 그러면 주도형 고객은 더 이상 망설이지 않고 결정을 내릴 가능성이 높다.

주도형 고객을 상대하기에 가장 좋은 유형은 사교형

영업자다. 주도형 성격을 가진 고객은 이미 어느 정도 결정을 내린 후 물건을 사러 온다는 사실을 유의하라. 이때 그들은 이런 저런 이유를 늘어놓거나 딴 이야기하는 것을 매우 싫어한다. 대신 주도형 고객이 자신의 의견을 이야기할 때 "맞습니다!" 하고 맞장구쳐주는 것을 매우 좋아한다. 따라서 주도형 고객을 대하기 위해서는 사교적으로 친근하게 대해주며 맞장구를 잘 쳐줄 수 있도록 해야 한다.

머리로 이익을 따지는 계산형 고객은,
가슴으로 이해하는 모습을 보여줘라

계산형 고객은 조금의 손해도 용납하지 않고
자신의 이익만을 챙기려고 하기 때문에 까다롭다.
고객의 마음의 문을 열 수 있는 질문을 개발하라.
잠깐의 손실이 있더라도
그것은 장기적인 이익으로 돌아올 것이다.

"진짜요? 정말요? 거짓말 아니죠?"

설득과 설명에도 웬만해서는 믿지 않는 의심형

유독 의심이 많은 사람들이 있다. 이들은 아마도 살아오면서 신뢰가 무너지는 경험을 많이 겪었을 가능성이 높다. 당한 적이 많으니 아무나 쉽게 믿지 못하는 것이다. 의심형 고객으로부터 거절당하지 않기 위해서는 가장 먼저 그들의 의심을 해소해줘야 한다. 그러지 않고서는 앞으로 한발도 나아갈 수 없다.

내 수강생 중 농협에서 차장으로 근무하던 사람이 있었다. 그는 이전 수강생이었던 농협 과장의 추천으로 강의를 들으러 왔었다. 그런데 수강 첫날부터 그의 태도가 다소 이상했다. 어떤 부분에서는 무척 열심히 강의를 들다가도, 어떤 부분에서는 매우 의심스러운 눈초리로 고개를 갸웃거리곤 했다. '아, 저분이 내 강의에 동의하지 않는 부분이 있구나' 하는 생각이 들었다. 2주차 강의부터 이리저리 눈치를 살피는 모습에서 그가 강의 내용에 의심을 품고 있다는 확신을 했다. 나는 대체 그가 어떤 부분에서 의구심을 가지는 것인지 궁금했기에 그에게 허심탄회하게 물어봤다.

"강의는 들을 만하신가요?"

"네, 도움이 많이 되네요."

"그런데 강의 때 보면 가끔 고개를 갸웃하실 때가 있던데요. 혹시 동의하실 수 없는 내용이 있었나요?"

"아, 보셨습니까? 실은 그 열정 말입니다. 열정도 습관처럼 만들 수 있다는 이야기를 하셨는데, 열정이라는 감정이 어떻게 습관처럼 훈련으로 단련할 수 있다는 것인지, 사실 잘 이해가 안 되네요. 정말 열정의 습관화가 가능한가요? 진짜 그렇게 생각하십니까?"

이야기를 나눠보니 그는 자신이 생각하는 기준이 분명한 사람이었고, 그 기준을 넘어서는 내용에 대해서는 잘 수긍하지 않는 성향을 보였다. 강의 내용에 보태어 여러 이론과 근거를 세시해서 설명했지만, 계속 "정말요?" "그게 진짜입니까?" 하는 대답만 돌아왔다. 그날부터 열정과 관련된 그의 의심을 어떻게 해소해줄 수 있는지 연구했다. 그는 기본적으로 의심이 많은 사람이었으므로, 그저 말로만 설득하기에는 어렵다는 판단이 들었다.

고민 끝에 열정의 습관화와 관련된 동영상을 직접 편집해 그에게 보여주었다. 자동차의 엔진처럼 내 속에 열정이라는 자체 동력을 만들어내는 장치가 있다면, 열정의 습관화도 가능하다는 내용의 동영상이었다. 단순히 기존의 동영상 하나를 구해서 보여준 게 아니었다. 열정의 습관화를 말한 각종 대가들의 강연, 인터뷰 중 주요 내용, 열정을 습관으로 만들어 성공한 사람들의 다큐멘터리도 편집해서 넣었다. 여기서 끝이 아니었다. 내 이론을 뒷받침할 수 있는 각종 서적을 찾아본 뒤 그중 가장 설득력 있는 사례들을 정리한 책자도 선물해주었다. 여러 책을 추천해줄 수도 있었지만, 그 경우 그가 읽지 않는다면 무용지물이었기에 짧게 핵심만 정리한 그만의 책을 만들어준 것이다.

결과는 대성공이었다. 그가 처음으로 뒤풀이 모임에 참석했다. 그에게 정성을 쏟은 지 4주간의 결과였다. 이후 그는 강의 장면을 자신의 스마트폰 메인화면에 둘 정도로 마음의 문을 열었다. 그리고 수료 후에도 계속 모임에 참석하며 다른 수강생을 추천해주는 충성맨이 되었다.

사실 내가 하는 희망경영 강의에는 조금 의심스러운 개념들이 많이 등장한다. 습관 버리기, 성격 바꾸기, 강점 키우기 등이 그것이다. 대개의 사람들은 사람이 바뀌기 힘들다는 고정관념을 가지고 있는데 그것을 바꿀 수 있다고 이야기하니 의심이 드는 건 당연한 일이다. 농협 차장의 경우도 마찬가지였다. 그리고 나는 강사로서 당연히 그의 의문을 풀어줄 의무가 있었다. 의심형의 경우, 그 의심이 해소되지 않고는 절대 마음의 문을 열지 않는다.

그가 의심을 푼 이유는 동영상과 책자의 내용이 그만큼 객관적이고 타당했기 때문이다. 하지만 단지 그것만은 아니다. 내가 공들여 편집한 동영상과 책자를 보면서, '아, 이 사람이 이 정도로 열성을 쏟는 것을 보니 정말 이 내용에 대한 확고한 믿음이 있구나'라는 생각을 했다고 한다. 설사 강의 내용에 대한 의심이 완전히 해소되지는 않았더라도, 강사에 대해서만은 강한 신뢰가 생겼기에 이후 강의에 집중할 수 있었다는 것이다.

이처럼 의심 때문에 마음의 문을 열지 않고 있는 사람은 의심을 갖고 있는 부분이 무엇인지 파악하여 그 의문을 풀어주는 노력을 하는 것이 급선무다. 그리고 그 노력은 그의 '물음표'가 '느낌표'로 바뀔 만큼, 의심이 감동으로 변할 만큼 아주 헌신적이어야 한다. 의심형은 웬만해서는 의문을 거두지 않기 때문이다.

그런데 의심을 갖고 있는 사람이 이처럼 자기 속내를 드러내는 경우 그나마 문제해결이 쉽겠지만, 자신의 속내를 잘 드러내지 않는 이도 많이 있다. 이 경우는 어떻게 해야 할까? 이런 경우 또다른 접근법이 필요할 것이다.

사람의 마음을 읽는 기술

단정하게 차려입은 중년 여성이 영업소를 찾았다. 그녀는 매우 세련된 옷차림에 차분해 보이는 인상이었다. N은 싱긋 미소를 지으며 그녀에게 접근했다.

"하하, 누님 차 보러 오셨어요?"

느닷없이 누님이라고 부르니 그녀는 살짝 당황하는 눈치였다. 하지만 N은 개의치 않았다. 평소 활달한 성격으로 고객에게 친근하게 다가가는 그는 설사 처음엔 다소 부담스러워하는 고객도 곧 자기편으로 만드는 재주가 있었다.

"이야, 이 차 어떠세요? 누님처럼 세련돼 보이는 게 딱이다, 딱이야!"

"음…… 이 차의 어떤 부분이 세련된 거죠?"

"어떤 부분이긴요, 보기에 딱 세련되었잖아요. 여기 차 문에 써 있네요. '세련'이라고. 하하."

"아, 네. 그렇군요."

다른 사람이라면 실소라도 터뜨렸을 법한데 그녀는 별다른 반응이 없었다. 당혹스러워진 N은 그 차를 마음에 들어하지 않는다고 생각하고, 바로 다른 모델을 추천했다.

"이 차는 별로신가보다. 그럼 이건 어떠세요? 이건 좀 차분해 보이죠?"

"디자인은 점잖긴 하네요."

"그죠? 캬~ 역시 누님 안목이 있으시네. 이게 인기도 진짜 많은 차량이에요. 특히 중년 여성에게 인기가 많죠?"

"그런가요? 중년 여성이 많이 탄다는 통계가 있나보네요?"

"통계요? 에이, 제가 그런 건 없고요. 대신 제가 증인이에요. 제가 이 차, 중년 여성분께 엄청 많이 팔았어요. 저 믿고 이걸로 하세요."

가만히 N을 바라보던 그녀는 "아무래도 마음에 드는 게 없니"는 한마디만 남긴 채 영업소를 빠져나갔다.

이 이야기에서 N은 무엇 때문에 차를 팔지 못했다고 생각하는가? 아마도 머릿속에 떠오른 생각들이 있을 것이다. 일단 N은 영업소에서도 대표적으로 활달하기로 소문난 사교적 성격의 소유자였다. 그는 동료들과 어울려 놀기를 매우 좋아했으며 회식 자리에서는 분위기 메이커이기도 했다. 그는 사교적 성격을 십분 활용하여 고객에게 편하게 대하기로 유명했다. 하지만 사람에 따라 그 격의 없는 응대가 불쾌할 수도 있다는 사실을 알지 못했다. 그럼 N이 그 고객에게 너무 예의를 차리지 않은 것이 문제였을까? 물론, 그것도 맞다. 하지만 보다 근본적인 이유가 따로 있었다.

N과 고객의 대화를 다시 살펴보자. N이 어떤 제품을 추천할 때마다 고객은 근거를 물었다. 그가 세련된 차라고 설명했을 때는 어떤 점이 세련된 건지를 궁금해 했고, 중년 여성에게 인기가 많다고 추천했을 때는, 통계가 있느냐고 반문했다. 그녀는 기본적으로 명확한 자료와 객관적인 근거가 없으면 믿지 않는 의심형 고객이었던 것이다. 다만 통계를 보여달라고 하거나 N의 이야기를 따지고 드는 등, 자신이 의심을 품고 있다는 사실을 드러내지 않기에 N이 이를 눈치채기가 쉽지 않았을 뿐이다.

이런 의심형 고객은 대처하기가 쉽지 않다. 문제는 대

부분 의심형 고객이 이처럼 의심을 잘 표현하지 않는다는 데 있다. 자신의 본심을 내비치지 않는 스타일로, 영업자가 알아서 캐치하고 의심을 해소하는 방법밖에 없다. 이를 위해서는 평소 상대가 말하지 않는 본심을 읽는 훈련이 필요하다. 사람의 마음을 읽는 기술은 영업자라면 반드시 숙지해야 할 항목이다. 내 오랜 경험을 바탕으로 몇 가지만 정리해보자면 이렇다.

첫째, 행간을 읽어라.

때로 사람은 말하지 않을 때 더 많은 말을 하곤 한다. 예를 들어 이야기를 할 때는 이미 머릿속에서 어느 정도 생각을 정리하고 마음을 안정시킨 후이기 때문에, 표정이나 어투를 신경쓰곤 한다. 하지만 말을 멈추고 상대의 말을 들을 때나 자신의 말과 말 사이에 잠시 틈이 생길 경우, 경계심이나 긴장감이 풀어질 때가 있다. 이때 그 사람의 표정이나 몸짓을 놓치지 말아야 한다. 본인도 의도치 않게 본심이 묻어나올 수 있기 때문이다.

둘째, 자주 쓰는 표현에 주목하라.

당신이 다른 사람과 대화를 나눌 때 그 대화를 한번 녹음해 들어보라. 아마 놀랄 것이다. 자신이 줄곧 어떤 표현을 반복해서 사용한다는 사실 때문이다. 대부분 무의식적으로 즐겨 사용하는 표현이나 단어가 있는데, 이를 통해 그 사람의 성격이나 스타일을 파악할 수 있다. 예를 들어 '정말' '객관적' 같은 단어를 자주 쓴다면 의심형일 가능성이 높다. 객관적으로 정말 검증된 자료만 믿겠다는 마음이 은연중에 표현되기 때문이다. '나는' '내가 생각할 때' 등 말을 할 때 주어를 많이 쓰는 사람은 주도형이라고 볼 수 있다. 무엇보다 자신의 입장이나 생각이 중요하고 이를 강조하는 사람들의 특성이기 때문이다.

셋째, 몸은 입보다 더 많은 말을 한다.

이는 행간을 읽는 것과는 다른 개념이다. 행간을 읽는 것이 말을 멈추었을 때의 표정이나 몸짓을 읽는 것이라면, 이는 말을 할 때나 들을 때의 몸짓에 집중하는 것이다. 예를 들어 당신이 상대에게 제품에 대해 설명할 때, 고객이 팔짱을 풀지 않고 있다면 그는 당신의 이야기를 신뢰하지 않거나 경계하고 있는 것이다. 고객이 당신 쪽으로 고개를 숙인다면 어느 정도 동의하고 있다는 의미이기도 하다. 상대의 '신체언어'를 재빠르게 캐치함으로써, 그에 맞는 대응이 가능해진다.

의심에는 실력으로 맞서라

　상대의 의심을 깨부수는 가장 근본적인 방법은 실력으로 맞서는 것이다. 영업과는 조금 동떨어진 이야기지만, 의심을 격파하는 실력의 힘을 잘 보여주는 사례를 하나 보자.

　어릴 때부터 의기양양했던 흑인 소년 W는 어느 날 우연한 기회로 복싱도장에 발을 들여놓게 되었다. 극장에서 나왔더니 자신의 자전거가 없어진 것이 계기였다. 마침 경찰이 지나가기에 W는 허공에 주먹을 휘두르며 범인을 잡으면 한 방 먹이겠다며 으름장을 놓았다. 그때 그 경찰은 껄껄 웃으며 W에게 "한방 먹이는 기술을 배우려면 복싱 체육관에 가야지!"라고 말해줬다. 이때 W는 처음 복싱이라는 것을 접하게 되었고 이후 세계 챔피언을 꿈꾸며 열심히 샌드백을 때리고 또 때렸다.

　그렇게 시작한 W의 권투 실력은 점점 좋아졌고 의기양양한 성격이었던 W는 친구들에게 자신은 나중에 세계 챔피언이 될 거라며 호언장담하고 다녔다. 하지만 그런 W의 모습에 의심의 눈초리를 보내는 사람이 있었으니 바로 W가 다니던 학교의 담임선생님이었다. 하루는 담임선생님이 W를 불러 이렇게 말해주었다.

"허허, 네가 세계챔피언이 된다고? 내 손에 장을 지지겠다. 넌 절대 안 돼!"

어린 소년에게 그 말은 상당한 충격이었다. 그때까지 언제나 의기양양했던 W의 어깨가 축 처지는 순간이었다. 학생이 가장 큰 충격을 받을 때는 바로 선생님으로부터 거절당할 때이지 않은가. W는 심한 거절감의 상처에 권투 글러브를 내팽개쳐 버렸다. 그리고 다시는 권투를 하지 않겠다는 마음까지 먹게 되었다.

이 에피소드의 주인공이 누군지 아는가? 바로 전 세계인들의 가슴에 복싱 영웅으로 남아 있는 무하마드 알리다. 알리 역시 어린 시절 심한 거절감의 상처를 입었던 것이다. 그렇다면 그때 알리의 담임선생님은 왜 꼭 그런 심한 말을 던져야 했을까? 알리의 실력을 의심했기 때문이다. 너 같은 녀석이 어떻게 세계챔피언이 될 수 있단 말이야? 하는 의구심이 들었기 때문이다.

그렇다면 알리는 어떻게 세계적인 복싱 영웅이 될 수 있었을까? 그것은 담임선생님의 거절이 알리로 하여금 오기심을 발동하게 만들었기 때문이다. 그때 이후 알리는 정말이지 뼈를 깎는 노력을 했다고 한다. 그때부터 실력이 한 단계씩 높아지기 시작했고 알리는 십대 후반에 이미 올림픽 금메달리스트가 될 정도의 실력을 쌓기에 이른다. 그리고 프로권투의 세계에 발을 들여놨고 역사상 세계 최고의 복싱 챔피언의 자리에까지 오른 것이다.

우리는 알리의 이야기를 통하여 의심 때문에 거절하는 상대의 의심을 통렬히 깨는 방법을 알 수 있다. 바로 실력으로 무장하는 것이다. 상대가 도저히 의심할 수 없을 정도의 실력을 보여준다면 상대는 거절의 벽을 허물고 나를 받아들일 수밖에 없을 것이다.

안정형 영업자 VS 안정형 고객

다시 영업으로 이야기를 돌려보자. 대부분 계산형이 주도형의 성향을 함께 갖고 있기도 하고, 많은 의심형은 기본적으로 안정을 추구하는 성향이 강하기도 하다. 확신할 수 있는 것만 믿겠다는 마음은 안정된 것에 대한 갈망이라고 볼 수 있는 것이다. 앞서 살펴본 중년 여성도 안정형일 가능성이 매우 높다.

안정형은 사람과의 관계에서도 오랜 시간 동안 충분히 교감한 사람에게만 마음을 열기에 예의를 중시한다. 그런데 N은 너무 쉽게 접근하고 너무 가벼운 말들만 쏟

아내었다. 물론 N 입장에서는 친근감 있게 다가가려는 표시였을 것이나 이를 받아들이는 고객 입장은 완전히 다르다. 그녀는 처음 보는 자신에게 예의 없이 "누님!" 하며 다가오는 N을 마치 플레이보이 정도로 여겼을 가능성이 농후하며, N의 태도 때문에 제품(자동차)에 대한 신뢰마저 다 무너지고 말았을 것이다. 특히 안정형 고객들은 차근차근 제품을 보길 원하는데 "에이, 누님 그냥 하세요!"라고 재촉한 것은 불난 집에 기름 부어버린 꼴이나 진배없다. N이 거절당한 것은 당연한 결과다.

우리는 이 예로부터 상대를 설득하는 데 있어 그가 어떤 사람인지 파악하는 것이 얼마나 중요한지 깨달을 수 있다. 만약 N이 고객의 유형을 파악하고 이에 적절히 대처했다면 이런 결과는 나타나지 않았을 테니까 말이다.

먼저 안정형이 무엇을 추구하고 꺼리는지 잘 파악해야 할 것이다. 안정형은 절대적인 안정을 추구하기에 안정을 헤치는 모든 것을 꺼린다. 가령 사람과 사람의 관계는 서로 예의를 지키는 가운데 안정이 유지된다 생각하고 있는데, 느닷없이 상대방이 예의에 벗어나는 행동을 하면 심한 부담감을 느끼게 된다. 그래서 사교형 영업자는 안정형 고객에게 불편하게 느껴질 수 있다. 또 누군가가 주도적으로 자신을 다루려는 것에도 불안정을 느끼기는 마찬가지다. 안정형은 자신만의 생각 틀이 있기 마련이다. 주도형이 자신의 생각대로 이끌려 하면 안정형은 마치 자신의 틀을 벗어난다는 생각에 불안감을 느끼는 것이다. 그래서 주도형 영업자와 안정형 고객도 잘 맞지 않는다.

이러한 안정형 성격의 고객을 상대하기 위해 가장 좋은 유형은 어떤 것일까? 불안염려형 VS 불안염려형의 경우처럼, 안정형에는 안정형으로 맞받아치는 것이 가장 좋다. 즉 영업자가 먼저 설레받치지 말고 고객이 하는 대로 지켜보고 있다가, 물어보거나 궁금해하는 것이 있을 때 친절하게 답변해주는 것이다. 이때 안정형 성격을 안정시켜줄 만큼 신중하게 논리적으로 대하는 것이 포인트다. 다만 안정형 영업자가 주의할 것이 있는데, 그것은 너무 안정만 추구하려는 태도다.

열정과 실력으로 의심을 해소하면,
마음의 문이 열릴 것이다.

'물음표'를 '느낌표'로 바꿀 만큼 아주 헌신적인
열정을 보여준다면, 신뢰가 생기고 귀를 기울일 것이다.
이후에는 사람의 마음을 읽는 기술을 숙지해
적극적이고 안정감있는 자세로
거절의 벽을 허물자.

나른한 오후, 한 고객이 영업소 문을 열고 들어왔다. 하지만 그때 영업자들은 모두 외근중이었고 M만 유일하게 자리를 지키고 있었다. M은 내성적 성격의 소유자로 다른 영업자들과 달리 변화를 그리 좋아하지 않는 성향을 가지고 있었다. 영업소에서 실적도 꾸준히 변함없는 편에 속했다. 아주 잘하지도 아주 못하지도 않는, 남들처럼 밑바닥을 치거나 대박을 치지도 않았다.

M은 오후에 들이닥친 그 고객을 유심히 살펴보았다. M이 보기에 그 고객은 당장 차를 사러온 고객은 아닌 듯 보였다. 고객은 이리저리 차를 둘러볼 뿐 이었다. 평소 고객에게 과하게 들이대는 스타일의 영업을 선호하지 않았던 M은 자기 자리에 선 채 고객의 다음 행동을 기다렸다.

"아니, 여기 영업 안 하나요?"

고객이 소리치자 그제야 M은 고객에게로 다가갔다.

"이 차 좀 알아보려 하는데요."

고객의 말에 M은 약간 낮은 목소리로 그 차에 대해 대략을 설명해주었다. 그러자 고객은 별로 맘에 안 드는 듯 인상을 쓰며 다시 매장을 이리저리 둘러보다가 그대로 획 나가버렸다. M은 그런 고객의 뒷모습을 보며 예상했다는 듯 고개를 끄덕거릴 뿐이었다.

M은 영업소에서도 차분한 성격의 소유자였다. 크게

튀지도 않았고 그렇다고 아주 뒤떨어지지도 않았다. 언제나 평균 정도를 하는 영업자였다. 그런데 나는 그런 M을 보며 답답함을 느끼지 않을 수 없었다. 일단 영업을 하려 마음먹었다면 뭔가 결판을 내야 한다. 그런 면에서 안정형들은 좀더 적극적인 자세를 취하는 것이 필요하다. 그래야 실적의 향상을 기대할 수 있다. 만약 앞의 예에서 M이 좀더 적극적인 자세를 취했더라면 그 고객과 계약까지는 아니더라도 잠재고객 정도로 친분을 쌓을 수 있었을 것이다.

유능한 영업자는 카멜레온이다

유능한 영업자라면 한 가지 성격에만 갇혀 있어서는 안 된다. 마치 카멜레온처럼 상황에 맞게 변신할 수 있어야 한다. 문제는 어떻게 사람이 다양한 성격을 부릴 수 있느냐일 터다.

사람들은 보통 성격은 변하지 않는다고 생각한다. 예를 들어 외향적 성격의 소유자가 내향적으로 변할 수 없고 내향적 성격의 소유자가 외향적으로 변할 수 없다고 생각한다. 그런데 과연 그럴까? 심리학자들에 의하면 성격이란 타고난 기질과 환경의 영향이 뒤섞여 만들어진 고착화된 산물이다. 물론 맞는 말이다. 하지만 성격은 또한 변할 수 있는 것이기도 하다. 주변에 얼마든지 그러한 예는 넘쳐난다. 성격이 좋던 사람이 갑자기 환경 변화에 따라 나빠지기도 하고 나이 들면 여자가 남성적인 성격으로, 남자가 여성적인 성격으로 변하기도 하지 않는가. 또 주변을 둘러보면 성격을 바꿨다고 주장하는 사람들을 어렵지 않게 볼 수 있다.

개그맨 이봉원의 경우 어린 시절 지독히도 내향적인 성격 때문에 애를 먹었다고 한다. 도저히 이대로는 살 수 없겠다 싶어 어느 날 그는 자신의 성격을 바꾸기로 했다. 이봉원은 자신을 아는 친구들이 거의 없는 고등학교에 진학하게 되었다. 거기에서 이봉원은 친구들 앞에 나가 웃기는 말을 하는 시도를 감행했다. 그런데 이게 웬일인가. 친구들이 웃어준 것이다. 그때부터 그는 자신감을 갖고 적극적이고 활발한 고등학생으로 변신할 수 있었다. 그 에너지로 그는 훗날 대한민국을 호령하는 개그맨이 될 수 있었고 말이다.

『누구나 성격 바꿀 수 있다』를 쓴 고코로야 진노스케는 성격을 이렇게 정의한다.

"성격은 파트part라는 마음 프로그램의 집합체이다. 세상에 나면서부터 경험하게 되는 갖가지 사건, 들은 이야기, 반복된 일을 통해 파트가 만들어져 마음속에 정착되고, 이들 파트의 집합체가 '가장 빈번하게 반응하는 패턴'을 통해 그 사람의 성격으로 자리잡는다."

실제 어떤 사람은 내향적이면서도 화를 낼 때는 폭발적이다. 또 소심하고 낯가림이 많지만 어떤 일에는 열정적으로 달려들며 허둥대는 사람도 있다. 사람의 성격은 이 많은 부분들이 모여 만들어지는 셈이 된다. 고코로야 진노스케는 이러한 성격을 한꺼번에 바꾸려 하지 말고 하나씩 하나씩 마치 컴퓨터 프로그램을 삭제하고 다시 생성하는 것처럼 성격의 부분들을 지우고 생성하면 새로운 성격으로 바꿀 수 있다고 말한다. 당장 바꾸고 싶은 성격이 있다면 결심하고 내 마음속 성격 프로그램에서 그 부분의 성격을 삭제해버리고 내가 갖고 싶은 성격을 정하여 다시 마음속 성격 프로그램에 깔아보라는 것이다.

물론 성격을 바꿀 수 있다는 이러한 지식을 아는 것만으로 성격이 절대 바뀌지는 않는다. 그리고 영업을 잘하기 위해 반드시 성격을 바꿔야 하는 것도 아니다. 다만 이런 노력을 시도한다면 고객의 유형에 맞는 스타일로 접근하는 일이 수월해질 것이다.

타고난 성격은 바꿀 수 없다.
하지만 다양한 성격은 부릴 수 있다!

유능한 영업자라면 카멜레온처럼
다양한 성격으로 변할 수 있어야 한다.
성격은 경험의 집합체일 뿐이다.
마음속 성격을 지우고 다시 생성하는 노력을 해보자.
천천히 하나씩 바꾸다 보면 어느새 어떤 고객도
만족시킬 수 있는 팔색조가 되어있을 것이다.

Chapter 3

어떻게 거절을 잘 당할 것인가

: 30년 영업맨이 밝히는 거절당하는 기술

아마추어는 영업을 하고, 프로는 리크루팅을 한다

3차원
접근법의 힘

지금까지 우리는 영업자의 입장에서 거절을 잘 당하는 유형과 고객의 입장에서 거절을 하는 유형을 살펴보았다. 이제 마지막은 거절을 당하는 기술에 관한 것이다. 물론 앞에서도 각 유형에 따른 극복법이나 대처법을 소개했지만, 여기서는 '유형'보다는 '기술'에 집중해 보다 체계적으로 설명해보고자 한다.

거절을 당하는 것은 두려움을 동반하기 마련이다. 이 두려움을 극복하기 위해서는 상대를 읽는 법을 알아야 한다. 이것은 상대를 생각하는 배려가 될 수도 있고, 경험을 통해 상대방을 이해하는 것 일 수도 있다. 이를 위

해서는 거절을 통해 끊임없이 자기 자신을 발전시켜야
한다.

승승장구하던 그녀에게 닥친 위기

K는 중간관리자로 일하면서 능력을 인정받고 있는 커
리어우먼이다. 다정한 남편, 예쁜 아이와 따뜻한 가정을
꾸미며 여러모로 남부럽지 않은 삶을 살고 있다. 그렇게
행복한 나날을 보내던 K에게 어느 날부터 위기가 닥치게
되었다. 회사 사정이 어려워지면서 위기를 돌파하기 위
한 기획안을 제출하라는 지시가 내려오면서부터였다. K
는 부하직원들과 여러 논의를 거친 후, 의견을 종합해 기
획안을 올렸다. 그런데 그 기획안이 처참한 평가를 받는
것은 물론, 위에서 불호령마저 떨어졌다.

그간 별다른 위기 없이 승승장구하던 K였기에 처음
맛보는 실패에 수치심이 밀려왔다. 하지만 곧 마음을 가
다듬고, 다시 심혈을 기울여 기획안을 준비했다. 그런데
이게 웬일인가. 또다시 위에서 '이걸 기획안이라고 제출
한 것이냐'며 아예 새로 다시 작성해 올리라고 하는 것이
아닌가. 도대체 무엇이 문제인지 당혹스럽기도 했지만,

혹시 주변에서 자신에 대해서 능력 없는 사람이라고 평가하게 되는 것은 아닐지 두려움이 더 컸다.

그후로 K는 기획안을 올릴 때마다 '또 실패하지 않을까?' 하는 두려움에 시달렸다. 불안은 점점 가중되었고 이제 K는 기획안을 올릴 때마다 혹시 또 거절당하면 어쩌지, 하는 두려움으로 몸을 떨었고 동시에 같이 일하는 사람들이 자신을 비웃는 장면이 스쳐지나갔다. K는 점점 스트레스가 쌓여갔고 어느 날부터 뱃속이 불편해지면서 소화가 잘되지 않는 증상까지 생겼다. 그뿐만이 아니었다. 집에 돌아와서는 아이에게 괜히 화를 내는가 하면 남편에게도 짜증을 내며 신경질적으로 반응했다. 물론 자신이 이러면 안 되는 것을 알면서도 머리와 몸이 따로 노니 K의 스트레스는 더욱 더 쌓여만 갔고 문제는 해결될 기미를 보이지 않았다.

아마도 직장인이라면 K의 처지가 십분 이해될 것이다. 나 역시 K의 모습이 마치 내 모습인 것처럼 공감이 된다. 요즘 회사들이 모두 어렵기 때문에 위에서는 새로운 기획안을 올리라고 열을 내지만, 사실 새로운 기획안을 낸다는 것이 그리 쉬운 일이 아니기 때문이다.

하지만 그럼에도 불구하고 나는 K의 태도에 몇 가지

개선점을 이야기하지 않을 수 없다. 만약 그랬다면 지금의 악순환을 피할 수 있었을 것이기 때문이다. 먼저 K는 거절에 대한 개념을 구시대적으로 받아들였다. 그러다보니 거절의 두려움에 사로잡힌 채 자신을 개선할 행동을 전혀 취하지 못했다. 아마도 위에서 기획안을 거절했을 때 몇 가지 문제점을 짚어줬을 것이다. 그리고 K는 거기에만 집중했을 것이다. 그런데 다시 수정된 기획안이 올 때면 이미 위에서 보는 눈은 더 높은 곳에 가 있기 마련이다. 그래서 이 기획안이 마음에 들 리가 없으며 또다시 거절하고 마는 것이다. 결국 이런 악순환은 되풀이될 수밖에 없다.

이 악순환의 고리를 끊는 유일한 방법은 K가 자신이 거절당한 이유를 바르게 분석하여 대처하는 것밖에는 다른 도리가 없다. 만약 K가 자신이 거절당한 이유를 바르게 분석할 수 있다면 먼저 자신의 부족한 면을 살필 수 있을 것이다. 이때 K는 상대(여기의 상대에는 위, 아래 사람이 모두 포함된다)의 의중에 대해서도 살피게 되고 거기에 맞게 새로운 기획안을 짤 수 있을 것이다. 이런 개선이 취해진 후 만들어진 기획안은 근본적으로 이전의 기획안과 다를 수밖에 없다. 또 설사 조금 부족하다 하더라도 노력한 흔적이 보이니 상대도 K를 다르게 대할 것이다. 물론 서로 얼마간의 갈등을 거칠 것이나 결국 합의점에 도달하여 통과시킬 만할 기획안이 완성될 것이다.

여기서 우리가 명심해야 할 거절의 철학은 '상대를 읽는 눈'이다. 즉 거절은 상대와의 관계 속에 이루어지는 것이므로 거절로 인한 문제를 개선하기 위해서는 이제 자신의 문제만을 깨달아야 하는 것이 아니라 상대까지 읽을 수 있어야 한다.

호텔왕의 놀라운 경영철학

호텔왕으로 유명한 콘래드 힐튼은 가난한 집에서 태어나 호텔의 벨보이로 시작했지만, 성공하고야 말겠다는 커다란 꿈을 포기하지 않은 끝에 결국 호텔을 세우기에 이른다. 이때부터 힐튼은 당시로서는 획기적인 서비스를 선보였는데, 숙박시간에 따른 요금제, 매일 시트와 베개 세탁, 종업원 서비스 교육 등이 그것이다. 지금이라면 기본 중의 기본의 서비스라고 칭할 수도 없는 것들이지만, 당시로서는 파격적인 서비스였다.

그렇게 승승장구하던 힐튼도 1920년대 대공황에 큰 위기에 처하고 만다. 하지만 오히려 그는 대단한 저력을 보여주었다. 위기를 슬기롭게 넘긴 것은 물론, 대공황이 지나간 후 활발하게 다른 호텔 인수에 나섰던 것이다. 그리고 그는 또 한번 놀라운 시도를 하기에 이르는데, 그가 시카고의 파마하우스를 인수하고 얼마 지나지 않은 후의 일이다.

파마하우스에 고객이 찾아왔는데, 객실이 이미 모두 나간 상황이었다. 일반적으로는 "죄송합니다. 빈 객실이 없습니다"라며 정중하게 설명하는 것이 최상의 대응일 것이다. 그런데 파마하우스는 그렇게 하지 않았다. 고객이 원하는 객실 유형, 머물 기간 등을 파악한 뒤 가장 적합한 호텔을 찾아서 연락을 취해준 것이다. 그리고 고객 대신 그 호텔 객실을 예약까지 해주었다. 이 모습에 감동하지 않을 고객이 있을까? 게다가 이것은 일회성으로 그친 것이 아니라, 파마하우스의 기본 서비스 중 하나였다. 이 서비스로 파마하우스의 명성은 더욱 높아졌고, 덕분에 힐튼 호텔은 미국 내 호텔업계 1위에 오를 수 있었다.

이 에피소드를 보고 '아' 하고 탄성을 지른 사람이 있을지도 모르겠다. 객실이 다 찼다고 다른 호텔의 객실을 소개해준다는 발상은 쉽게 할 수 있는 것이 아니기 때문이다. 힐튼은 어떻게 이런 서비스를 생각해낼 수 있었던 걸까?

그 배경을 밝히기 위해서는 힐튼의 과거를 살펴볼 필요가 있다. 힐튼은 무척이나 어려운 어린 시절을 보냈다. 아버지가 손을 댄 장사마다 실패했기 때문이다. 이에 힐튼은 어릴 때부터 행상, 은행원, 호텔 벨보이 등을 전전하며 돈을 벌어야 했다. 중간에 은행가를 꿈꿔 은행에 취직하려고 한 적도 있으나 뜻대로 되지 않았다. 결국 다시 호텔 벨보이로 취직해 온갖 어려움을 겪은 끝에 자신의 호텔을 가질 수 있었다.

힐튼은 이러한 과정에서 놀라운 경영철학을 체득한 것으로 보인다. 즉 본인이 거절과 실패를 경험했기에, 그것이 작든 크든 원하는 것을 이루지 못하는 것에서 오는 좌절감을 잘 알고 있었던 것이다. 호텔에 투숙하기 위해 찾은 고객에게 객실이 이미 다 나갔다는 것은 호텔도 고객도 어찌할 수 없는 상황임에 분명하다. 엄밀히 말하면 호텔이 고객을 거절한 것은 아니다. 하지만 어쨌든 고객 입장에서는 실망하고 난감해지는 것도 사실이다. 어느 호텔로 가야 할지, 거기에는 방이 있을지를 알아보려면 여간 불편하고 번거로운 일이 아닐 것이다. 거절과 좌절이 주는 고통을 오래도록 직접 겪었던 힐튼은 고객이 겪을 불편을 간과할 수 없었고, 이것이 다른 호텔의 객실을 예약해주는 신개념 서비스로 이어진 것이다. 한마디로 힐튼에게는 상대를 읽는 눈, 상대를 생각하는 배려가 있었다고 할 수 있다.

지지율 87퍼센트의 비밀

브라질의 가난한 집안에서 태어난 D는 어려운 집안 형편 때문에 어린 시절부터 학교에 다니는 대신 돈을 벌이야 했다. 노점상, 구두닦이 등 돈벌이가 되는 것이면 다치는 대로 일을 했다. D는 커가면서 좀 더 높은 꿈을 꾸기 시작했다. 국립직업학교에 들어가는 것이 그것이었다. 비록 학교는 제대로 다니지 못했지만 그곳에만 들어가면 제대로 된 직업을 가질 수 있을 것 같았다. 하지만 그곳은 무료로 운영되기에 경쟁이 치열했고 정규교육을 제대로 받지 못한 D는 매번 시험에 떨어질 수밖에 없었다. 그래도 그는 포기하지 않고 계속 도전했으며 결국 합격증을 받아냈다. 드디어 D의 새로운 인생이 시작되는 순간이었다. 이후 D의 인생은 180도 달라졌다. 평소 남 앞에 잘 나서지도 못하는 성격이었던 그가 어려운 사람을 대변하는 일을 곧잘 하게 되었다. 덕분에 D는 회사의 노조위원장 자리에까지 오른다. 이렇게 승승장구하던 D는 어느덧 정치에까지 발을 들여놓게 되었고 대통령 선거에까지 나가게 되었다. 그야말로 인생역전의 순간이었다.

하지만 D는 첫 대통령 도전에서 패배의 잔을 마시고 만다. 이에 실망하지 않고 다시 대통령 선거에 도전하였지만 이번에도 결과는 실패였다. 세번째 대통령 선거에 도전하였지만 또다시 유권자들로부터 거절당하고 만다. 하지만 D는 여전히 대통령에 대한 꿈을 포기하지 않았다. 그는 직업학교 도전 때 여러 번 낙방했다가 합격했던 기억을 떠올리며 네번째 대통령 선거에 도전하였고 드디어 브라질 대통령에 당선되는 놀라운 저력을 보여주었다.

하지만 D의 진짜 진가는 대통령이 된 순간부터 시작되었다. 당시 브라질은 정치적으로 혼란한 시기였고 국론은 분열 상태에 있었다. 그러다보니 사회 갈등이 극에 달해 경제가 휘청대고 있었다. 워낙 서로 다른 민족들이 모여 사는 나라였고 서로가 추구하는 이념이 제각각이었기에 매일 싸움으로 시작해 싸움으로 끝나는 하루가 이어질 수밖에 없었다. 이때 D는 브라질의 전 국민에게 호소하였다. 우리는 민족도 다르고 인종도 제각각이기에 서로 다를 수밖에 없다고. 그러니 제발 상대를 공격하기보다 상대의 말과 행동에 귀를 기울여보자고. D는 말뿐만 아니라 진실로 각각의 사람들을 끌어안는 모습을 보여주기도 했다.

이런 D의 진심이 국민들에게 통하기 시작했다. 국민들이 그를 따르기 시작한 것이다. 이후 D의 행보는 거침이 없었다. 브라질 국민들을 똘똘 뭉치게 하고 열심히 일하도록 한 결과 브라질의 경제를 다시 살아나게 한 것이다. 그의 집권 8년이 다 되어갈 때에는 브라질이 개발도상국에서 경제 강국의 반열에 오르게 될 정도였다. 이렇게 D는 자기의 임기를 마치고 대통령의 자리에서 내려왔지만 국민들의 가슴에는 브라질 경제를 발전시킨 대통령으로 아로새겨지게 되었다.

이 이야기는 2003년부터 2011년까지 브라질의 제35·36대 대통령을 역임한 룰라 다 실바 전 대통령의 실화이다. 놀라운 것은 그가 대통령의 임기를 마치고 내려올 때 지지율이 87퍼센트였다는 사실이다. 지지율은 한 대통령이 성공적으로 일했는지를 판가름할 수 있는 중요한 잣대인데 이 정도의 지지율은 민주주의 국가에서는 거의 찾아보기 힘든 지지율이다. 그만큼 이는 실바 대통령이 국민의 막힌 마음을 뻥 뚫어주는 일을 했다는 방증인 것이다.

그는 어떻게 국민의 마음을 헤아리고 진정한 소통을

이룰 수 있었을까? 바로 경험 덕분이었다. 실바 전 대통령은 어린 시절 실로 눈물 나는 고생을 했다. 친구들은 학교에서 공부하고 있을 때 돈을 벌어야 했기 때문이다. 그래서 가난한 이들의 마음을 알 수 있었다. 또 그는 대통령이 되기까지 숱한 실패와 좌절을 겪었다. 그래서 절망에 빠진 이들의 심정도 이해할 수 있었다.

평생을 부자로 살아온 사람은 가난한 사람의 마음을 도대체 알 수 없다. 마찬가지로 평생을 가난하게 살아온 사람 또한 부자의 마음을 절대 알 수 없다. 이것이 경험의 한계에 갇힌 인간의 모순이다. 만약 이런 사람들이 서로 다른 세계를 경험해본다면 어떤 일이 벌어질까? 비로소 상대의 마음을 읽는 눈이 생기게 될 것이다.

1차원 VS 2차원 VS 3차원

나는 세상에 세 종류의 사람이 있다고 생각한다. 정리하자면 이렇다.

1차원의 사람: 나 위주로 생각하며 사는 사람
2차원의 사람: 너까지 생각하며 사는 사람

당신은 이 세 부류 중 어디에 속하는가? 대부분 사람들이 1차원의 삶을 살 것이며, 2차원을 벗어나기도 힘들 것이다. 앞의 K 역시 1차원적 삶에 머물렀기에 거절의 악순환을 겪어야 했다. 반면 힐튼은 3차원적 삶을 추구함으로써, 고객을 감동시키는 서비스를 보여줄 수 있었고 이를 바탕으로 호텔왕에 오를 수 있었다.

그렇다면 2차원, 3차원의 삶은 어떻게 해야 도달할 수 있을까? 그것은 끊임없는 거절의 경험 속에서 자기를 닦을 때 이루어진다. 상대로부터, 사회로부터 거절당한 경험이 없는 사람은 결코 상대에 대하여, 사회에 대하여 이해할 필요가 없다. 하지만 상대로부터, 사회로부터 거절당한 경험이 있는 사람은 다르게 생각한다. 거절을 당한 경험이 있는 사람은 그 반작용으로 자신의 상황이 좋아지면 상대에 대하여, 사회에 대하여 생각하기 시작한다.

물론 이때 상대에 대한 이해가 하루아침에 생기지 않는다. 상대로부터 수많은 거절을 당하는 가운데 비로소 상대를 보는 눈이 생기고 상대를 이해하는 눈이 생긴다. 상대를 대하는 나의 태도가 잘못되었음을 깨닫게 되고 상대를 존중으로 대하려 노력하게 된다. 이 과정에서 상대 또한 나를 바라보는 눈이 달라지게 된다. '어 쟤가 변했네!'라는 태도를 갖게 되기 때문이다. 그래서 상대 또한 나를 함부로 대하다가 존중으로 대하게 된다. 내가 상대를 존중으로 대하고 상대가 나를 존중으로 대하는 일이 벌어진다면 둘 간의 관계가 어떻게 될지는 이야기하지 않아도 충분히 상상이 될 것이다. 비로소 그동안 갈등 관계에 있었던 나와 상대의 관계는 화해 관계로 바뀌게 될 것이며, 이것이 바로 거절을 극복하는 최고의 프로세스가 되는 것이다.

지금은 믿을 수 없는 이야기지만, 과거에는 영업사원이 모자라서 원서만 내면 다 받아주던 때가 있었다. 당시 기아 같은 경우는 영업사원의 수만 전국적으로 1만 명에 이르렀다. 별다른 뜻도 없이, 체계적인 준비도 없이 무작정 영업에 뛰어든 사람이 많다보니 입사 후에 교육이 필요한 것은 당연지사였고 선임 영업자 입장에서는 자기 실적을 올리기도 바쁜데 후배들을 챙겨야 하는 상황이 달갑지만은 않았다. 하지만 나는 그 일을 자청해서 맡곤 했다.

사실 그때는 나 역시 연구소에 있다가 영업에 뛰어들어 고생한 경험이 있기에 순수하게 후배들을 돕고자 하는 마음이었다. 하지만 이제 와 생각해보니 나와 후배, 우리 모두를 생각하는 3차원적 접근이 내게 놀라운 결과를 안겨주었던 것 같다. 후배들이 영업직에 잘 적응해 차곡차곡 실적을 쌓는 것을 보면 내가 거래를 성사시킨 것만큼이나 기쁘고 뿌듯했다. 그 보람과 성취감이 원동력이 되어 내 영업에도 큰 힘을 발휘했고 말이다. 사실 영업이 아니더라도 일을 해본 사람이라면 누구나 공감할 것이다. 처음에는 열정과 도전정신으로 의욕을 갖고 일을 해나가지만, 시간이 지날수록 열정은 사그라지고 의욕은 자취를 감춘다. 이런 때 새로운 업무에 도전하거나 프로젝트를 성공시키면서 계속 자기동력을 만들 수도 있지만, 때로는 후배의 성장과 발전을 도우면서 간접적으로 힘을 얻기도 한다. 영업교육을 하던 나 역시 그런 효과를 톡톡히 본 셈이다.

물론 영업이 적성에 맞지 않아 그만둔 친구들도 많았다. 그런데 그 친구들이 뜻밖의 실적으로 이어졌다. 그간 쌓은 경험과 노하우를 아낌없이 전수하는 내게 고맙기도 하고, 또 그렇게 내 경험과 노하우를 접하며 나를 신뢰하게 된 후배들은 자동차를 구매할 일이 생기면 나를 찾았고, 주변 사람들도 끊임없이 소개해주었다. 회사를 나가 벽지 회사를 차린 후배의 경우도 자가용, 화물차 등을 모두 나를 통해 구매했다. 아마추어는 영업을 하지만, 프로는 리크루팅을 한다. 세상 모든 사람이 잠재고객이 될 수 있고, 또 그들이 새로운 고객을 연결해주는 나만의 영업자가 될 수 있다는 3차원적인 접근. 이것이 프로와 아마추어를 결정짓는 가장 큰 차이라고 생각한다.

'나-나=고객'이다

고객을
친구로 만드는
절대공식

이야기를 시작하기에 앞서 한 가지 질문을 던져보자. '나'에서 '나'를 빼면 무엇이 남을까? 수식으로 정리하자면 '나-나=?'에서 물음표에 들어갈 답은 무엇일까?

단지 수학적으로 생각해보면 '나-나=0'이 될 것이다. 하지만 만약 그런 뻔한 답이었다면 당연히 이 질문을 던지지 않았을 것이다. 이 수식에서 앞의 나와 뒤의 나는 조금 다른 개념이다. 앞의 나는 본래의 나를 뜻하고, 뒤의 나는 세상의 풍파에 휘말리면서 변모된 나를 뜻한다. 다소 극단적으로 구분하자면 앞의 나는 사랑과 진정성으로 가득찬 나이고 뒤의 나는 이기심과 욕심으로 가득찬 나이다.

영업자가 '고객은 왕이다'라는 문구를 손쉽게 가슴으로 받아들이지 못하는 이유는 간단하다. '이기적인 나'를 벗어나지 못했기 때문이다. 대부분의 영업자들은 '어떻게든 내가 돈을 벌어야 하는데' '내가 잘돼야 하는데' 하는 생각으로 꽉 차 있다. 이런 생각이 잘못된 것은 아니다. 우리는 돈을 벌기 위해 일하는 것이지, 봉사활동을 하는 게 아니니 말이다. 하지만 이런 생각만 하는 것은 잘못이다. 이기심과 욕심에 가득차 고객을 바라보면 상대는 단순히 돈으로만 보인다. 이런 상태라면 영업의 고수에 오를 수 없다. 그저 그렇고 그런 영업자의 자리에서 벗어나지 못한다는 이야기다.

이제 보통의 영업자가 영업 고수의 길로 들어서려면 고객을 보는 시각이 달라져야 한다. 나와 고객을 분리하는 이기적인 생각을 버리고, 고객과 내가 남이 아니라는 마음을 먹어야 한다. 그런 의미에서 '고객은 왕!'이라는 말은 매우 의미가 있다. 보통의 사람들은 조금이라도 정신무장을 하지 않으면 이기적인 나가 불쑥 튀어나와 나와 고객을 남과 남으로 갈라버리려 하니 이를 잘 간파한 어느 관리자가 이런 멋진 표어를 생각해낸 것이리라 믿는다. 그럼에도 불구하고 '고객은 왕!'이라는 표어만으로 고객을 진짜 왕으로 모실 수 있는 영업자는 얼마 없을 것이다. 이런 표어를 통한 강압적 운동만으로는 한계가 있을테니 말이다. 고객은 결국 진정성이 없는 거짓 웃음을 알아채기 마련이다.

그런 의미에서 '고객은 왕'이라는 표어가 진정으로 고객의 가슴으로 와닿게 하기 위해서는 나에서 나를 빼는 방법밖에 없다. 나에서 이기적인 나가 없어질 때 비로소 나와 고객은 남남이 아니게 되며 고객을 '왕'으로까지 모실 수 있는 단계로 나아갈 수 있기 때문이다. 그는 드디어 진정한 고객을 볼 수 있게 될 것이다. 그냥 눈에 보이는 고객이 아닌 고객의 입장에서 생각하는 나가 될 것이다. 나는 이것을 '나-나=고객'이라는 수식으로 표현하고자 한다.

나-나=고객! 여기서 꼭 기억해야 할 것은 이기적인 나를 뺀다고 해서 나의 이익을 완전히 포기한다는 의미는 전혀 아니란 사실이다. 단지 나만을 생각하는 이기심을 뺀다는 뜻이다. 이제 나에게서 나를 뺀 나는 고객의 입장에서 볼 수 있는 힘이 생긴다. 이런 상태가 된다면 나는 내 물건을 팔아 돈을 벌겠다는 마음을 넘어 고객의 입장에서 가장 적당한 가격에 좋은 물건을 팔아주려고 할 것이다. 이때 만약 고객이 내 물건을 사주지 않더라도 고객은 내가 베풀었던 호의를 잊지 않기에 언젠가는 다시 나를 기억하고 내게 물건을 사러 오게 될 수도 있을 것이다. 나 또한 그 고객의 입장에서 생각하기 때문에 단지 이번에 내 물건을 사지 않는다고 해서 실망하지 않고 다음에도 그 고객에게 최선을 다하게 될 것이다. 이것이야말로 진정으로 고객을 왕으로 모시는 영업이 아니고 무엇이겠는가.

'진짜 나'가 만들어내는 파워

자동차 영업 시절, 언젠가 안양시 부근의 도로를 달리고 있을 때였다. 마침 신호등에 걸려 대기하고 있는데 옆 차의 모습이 보였다. 신차로 보이는 세피아였는데 문짝이 움푹 들어가 있는 게 아닌가. 그 순간 세피아 운전자와 눈이 마주쳤으며 나도 모르게 "속상하시겠어요?"라고 말을 던졌다. 새 차에 흠집이 났으니 얼마나 속이 상할까라는 생각에 무심코 던진 말이었다. 그러는 순간 신호등이 바뀔 기미가 보이기에 그 운전자에게 내 명함을 건넸다.

"제가 해결해드릴 수 있을 것 같으니 연락하세요."

그리고 며칠이 지난 어느 날 그 운전자가 나를 찾아왔다. 그때만 해도 소물이라 하여 자동차 부품을 직원가로 싸게 판매하던 제도가 있었다. 나는 그 제도를 통하여 그 운전자의 움푹 들어간 문짝을 매우 싼 가격에 교체해 주었다. 그는 몇 번이나 고맙다는 인사를 하고 돌아갔다. 사실 그의 차는 이미 새 것이었기에 차를 팔 수 있는 고객은 아니었다. 그럼에도 불구하고 나는 그를 고객이라 여겼으며 최선을 다해주는 것이 내 도리라고 생각하여 호의를 베푼 것이다.

　그리고 이 일을 잠시 잊고 있었는데 어느 날부터인가 그 운전자로부터 연락이 오기 시작했다. 자기 친구가 차를 사려고 하는데 한 번 봐 달라는 것이었다. 나는 운전자의 친구에게도 마찬가지로 최선을 다했고 결국 한 대를 팔 수 있었다. 그런데 이게 끝이 아니었다. 툭 하면 연락이 오더니 차를 사겠다는 지인을 소개해주는 것이 아닌가. 알고 보니 그 운전자는 여행사를 하던 사람이었고 그래서 많은 고객을 소개해줄 수 있었던 것이다. 이렇게 그 운전자의 소개로 내가 판 차가 장장 10대가 넘을 정도였으니 한 번 베푼 호의로 몇 배의 이익을 얻게 된 셈이었다.

　'나-나'로 빚어낸 진짜 나가 만들어내는 파워가 바로

이런 것이다. 당신이 진정한 영업의 고수가 되고 싶다면 이제부터 '나-나'를 실천해보기 바란다. 물론 '나-나'를 연습하는 데 가장 좋은 도구는 '거절'임을 잊지 마라. 거절의 아픔을 겪어봐야 비로소 이기적인 나를 뺄 수 있게 될 테니까 말이다.

고객과 친구가 된다는 것

1992년, 지인의 소개로 새로운 고객 한 분을 알게 되었다. 원하는 차와 조건이 분명했기에 계약은 순조롭게 이루어졌다. 그런데 이야기를 나누다가 그가 유명한 기악과 교수라는 사실을 알게 되었다. 당시 여섯 살이었던 딸아이가 악기에 관심이 많았던 터라 그에게 악기를 배울 수 있는 방법을 물었고, 그는 자신의 애제자를 소개해주었다. 그리고 아이가 초등학교 4학년이 되었을 때부터는 교수가 직접 지도를 맡아주었다. 덕분에 딸아이는 나중에 원하는 대학의 기악과에 수석으로 입학할 수 있었다.

그와의 인연은 지금까지 이어지고 있는데, 그 사이 그 교수는 내게 무려 여섯 대의 차를 구매했다. 내 아이가 자신에게 지도를 받아서가 아니다. 오히려 그것은 내가 신세를 진 것으로, 그가 고마움을 표하기 위해 차를 구매할 이유는 하나도 없었다. 그가 차를 바꿀 때마다 나를 찾은 이유는 우리가 친구가 되었기 때문이다. 아이의 지도에 대한 감사함으로 나는 그뿐 아니라 그의 주변 사람들이 차에 관한 조언이나 도움이 필요할 때면 언제든 발 벗고 나섰다. 그렇게 서로 도움을 주고받으면서 영업자와 고객의 관계를 넘어서 서로 믿고 의지할 수 있는 친구가 된 것이다. '나-나'로 만든 '진짜 나'로 고객을 대했던 덕분이라고 볼 수도 있다.

보통 영업자라면 고객에게 무조건 제공해야 한다고 생각하기 쉽다. 하지만 일방적으로 주기만 하고 받기만 하는 관계는 오래가지 못한다. 서로 주고받아야 관계에 정이 더해지고, 그 관계가 오래 지속된다. 고객과의 관계를 길게 가져가고 싶다면, 그가 내게 신세를 지게 하는 일뿐 아니라 내가 그에게 신세를 지는 일 또한 중요하다. 사실 고객 입장에서 아무리 영업자가 친절하다고 하더라도 번거로운 부탁을 계속하기는 쉽지 않다. 더이상 본인이 구매하기도 어렵고, 마땅히 소개해줄 사람도 없다면 더욱 그렇다. 하지만 상대가 내게 어떤 식으로든 신세를 진다면? 내가 준 것이 있으니 뭔가를 요구하는 데 주저

함이 사라진다. 그리고 이렇게 주고받는 일이 반복되면, 어떻게든 또다른 결실이 맺어지기 마련이다.

고객과 친구가 된다는 것은 일반적인 우정을 쌓는 행위와는 다르다. 서로 끊임없이 도움을 주고받으면서 관계를 이어간다는 의미로 생각해야 한다. 예를 들어 과일 장사를 하는 상대에게 차를 팔고자 한다면 나 역시 사과를 사서 그 사람에게 고객이 돼야 한다. 실제로 내 고객 중에 청과물 장사를 하는 분이 있다. 때로는 다른 가게보다 비싸게 사야할 때도 있지만, '내가 과일을 판매하더라도 나 역시 이윤을 남기려고 하겠지. 원가로 어떻게 팔겠어'라는 생각으로 과일을 집어든다.

나는 군말 없이 상대가 부르는 가격으로 과일을 구매한다. 명절에 고객들에게 선물하는 과일도 무조건 그곳에서 산다. 처음에는 직접 가게를 찾아가 과일을 살피고, 포장도 원하는 스타일을 요구했다. 하지만 이후부터는 그저 메시지로 과일을 받을 사람들의 주소와 이름, 연락처만 전달했다. 상대 입장에서는 일이 훨씬 편해져서 좋기도 하지만, 사실은 '이 사람이 나를 전적으로 믿는구나'라는 생각을 심어주기 위함이다. 그리고 이렇게 신뢰를 쌓고 친구가 된 고객은 절대 도망가지 않는다.

보다 전문적인 이야기를 해보자. 마케팅에서는 소비자

를 친구로 만들기 위한 전략이 있다. 기업 차원에서의 전략이기에, 영업자 개인이 적용하기에는 무리가 따를 수 있으나 유용한 통찰을 얻을 수 있을 것 같아 소개한다.

소비자를 친구로 만드는 첫 번째 전략으로는 유용한 정보를 제공하는 것이다. 미국의 전국감자판촉위원회는 'Ready, Set, Dinner'라는 편리한 조리법 소프트웨어를 공급하고, 전국의 슈퍼마켓에 터치스크린 키오스크kiosk를 설치해 감자 요리법을 제공하는 홍보 전략을 펼치고 있다. 그리고 실제로 감자 소비가 늘어났다고 한다. 이를 영업에 대입해 설명하자면, 고객이 해당 제품이나 서비스를 구매했을 때 이를 실질적으로 어떻게 활용할 수 있는지에 대한 정보를 제공하는 방안을 고민해볼 수 있다. 고객이 미처 생각하지 못했던 제품과 서비스의 쓸모를 제공함으로써, 구매를 이끌어내는 전략이다.

둘째 전략은 동호회를 결성하는 등 소비자를 기반으로 하는 방법을 택하는 것이다. 모터사이클 회사 할리 데이비슨Harley-Davidson은 할리 애호가 모임 10주년 행사를 밀워키에서 개최한 적이 있다. 당시 6만 명 이상이 행사에 참가했고, 구경꾼은 10만 명 이상 몰려들었다고 한다. 이 회사는 고객들끼리 시간을 보내며 유대감을 가지도록 함으로써, 자사의 제품을 '교통수단'이 아닌 '즐거움을 제공하는 제품'으로 탈바꿈시켰다. 이를 영업에 대입해 보면, 취향이 비슷한 고객들을 모아 취미 동호회를 만든다거나 서로의 이해관계가 맞는 고객들을 연결해주는 식의 전략을 생각해볼 수 있다. 단순히 영업자와 고객의 관계를 넘어, 끈끈한 결속을 만들어내는 것이다.

고객과 서로 신뢰를 주고받는
친구가 되어라.

거절을 통해 이기적인 나를 발견했다면
이기적인 나를 잠시 넣어두고,
고객을 진정으로 생각해 보자.
고객과 서로 주고받는 관계를 쌓아보자.
친구가 된 고객은 절대 도망가지 않는다.

자존심은
집에 두고 출근하라

어느 날 동네를 걸어가는데 장독대라는 반찬 전문점이 보였다. 새로 오픈한 듯했는데, 사실 그 가게가 들어선 위치는 기가 센 터였다. 그 동네에서 25년을 살면서 지켜본 결과, 어떤 업종이 들어서도 다 망해서 나가는 자리였다. 그런데 반찬 전문점이라는 글자를 본 순간 직감했다.

'드디어 이 자리의 진짜 주인이 나타났구나.'

이전부터 그 자리에 반찬 가게가 들어서면 잘될 것이라는 생각을 했었기 때문이다. 역시나, 대낮에도 손님이 바글바글했다. 집사람과 지나가다가 잠깐 들러서 봤는

데 반찬도 가짓수가 엄청나고 질도 좋았다. "양이 엄청난데 다 팔려요?" 물어보니까 없어서 못 판단다. 기막히게 입지를 선정한 감도 놀라웠고, 실제로 장사가 잘되는 현장을 보니까 본능적인 호기심이 샘솟았다. 본사 전화번호가 간판에 있기에 바로 전화를 걸었다. 그리고 며칠 뒤 영업을 담당하는 본부장을 만날 수 있었다.

그런데 그와 만나기 전, 그가 내게 주소 하나를 문자로 보내는 것이 아닌가. 전화 통화를 통해 내가 사는 동네를 묻기에 산본 신도시에 산다고 했더니, '그렇다면 여기를 한 번 가보라'고 하는 것이었다. 그가 찍어준 주소를 찾아가니 우리집에서 도보로 7분 거리에 있었다. 그리고 그곳을 보는 순간 떠오른 생각은 '옳거니'였다. 반찬 가게를 하기에 입지가 더할 나위 없이 좋았던 것이다. 사실 본사에 전화를 걸 때만 해도 가맹점을 운영할 생각은 아니었다. 영업을 잘하는 회사라는 촉이 왔기에 한번 만나보자는 마음 정도였다. 그런데 본부장이 알려준 장소를 가보니 '여기를 놓치면 바보'라는 생각이 들었다.

이후 진행은 일사천리였다. 그곳은 원래 금은방이 있던 자리였는데, 워낙 장사가 안 되었던지라 권리금을 조정하는 데 큰 문제가 없었다. 반찬이라는 제품에 대해선 아무런 정보도 없었지만, 일단 부딪쳐 보기로 했다. 외식 경영을 전공하며 익힌 지식과 정보라면 어떻게 해볼 수 있겠다는 자신감이 있었다. 실전을 겪어보지 않았지만 이론만으로는 프랜차이즈와 관련해서는 누구 앞에 가더라도 밀리지 않는다고 자부했다. 또한 고객을 상대하는 영업을 오랫동안 해왔기에, 지식은 경험에서 나온다는 뚝심으로 밀어붙였다.

두 달 만에 가게를 오픈했다. 첫날 매출은 505만원이었다. 이후로도 가게 매출은 나날이 치솟았다. 하지만 나는 4개월 운영한 후 본사로 영업을 넘겨 본사에서 위탁 관리를 하게 할 계획이었다. 보다 큰 뜻이 있었기 때문이다. 나는 위탁 계약을 맺는 자리에서 대뜸 본부장에게 말했다.

"나 같은 사람을 그냥 가맹점 점주로 놔두면 회사 차원에서 손해 아닙니까? 저를 데려가서 한 번 써보시죠."

생각지도 못했던 제안에 본부장은 당혹스러워했다. 가맹점을 잘 운영하는 것을 보면 수완이 있는 듯하고, 영업자로서의 오랜 경력이 회사에도 도움이 되긴 하겠지만 당시에는 채용 계획이 전혀 없었기 때문이다.

"네, 서 선생님 실력은 제가 잘 알지요. 하지만 제가 인사결정권자는 아니라서 대표님과 한번 상의해보겠습니다. 괜찮으시겠습니까?"

"당연하죠. 연락 기다리겠습니다."

내심 며칠이면 결론이 나겠다고 예상했는데, 생각보다 시간이 길어졌다. 아마도 본사 측에서는 이런저런 고민으로 쉽게 결정을 내리지 못하는 듯했다. 자존심이 상하기도 했으나, 이해 못할 일도 아니었다. 그래서 나는 거절할 수 없는 제안을 던졌다.

"3개월 동안은 봉급을 받지 않고 일하겠습니다. 일단 써보시고 판단하시는 건 어떻겠습니까?"

바로 '오케이' 사인이 떨어졌다. 사실 회사로서는 손해 볼 것이 하나도 없는 장사였으니 당연했다. 무급으로 일을 시켜보고 판단할 수 있는 기회를 걷어찰 이유가 없지 않은가. 그리고 3개월 후, 나는 장독대의 상무가 되었다.

세상에서 가장 많이 거절당한 영업의 신

장독대에 들어가게 된 것은 '나'라는 상품에 대한 영업이었다. 나는 누구보다 나에 대해 잘 알고 있었다. 30년 넘는 영업 경험과 외식경영을 전공하면서 익힌 지식과 이론이라면, 분명 일을 잘해낼 수 있다고 믿었다. 하지만 회사 측에서는 이에 대해 확신을 갖기 어려웠다. 그렇기에 자존심을 접고 '3개월 무급'이라는 카드를 던진 것이다.

사실 영업을 하다보면 자존심 상하는 일이 부지기수다. 내가 이런 수모를 겪어가면서까지 이 일을 해야 하나, 라는 생각이 솟구칠 때가 한두 번이 아니다. 하지만 치열한 영업 세계에서 살아남기 위해서는 자존심을 버릴 수 있어야 한다. 맥도날드의 창업자인 레이 크록은 미국 전 대통령 캘빈 쿨리지가 쓴 다음의 글을 임원 사무실에 걸어놨다고 한다.

"좋은 리더가 되는 가장 좋은 방법은 아침에 출근하면서 당신의 자존심을 집에 두고 나오는 것이다. 간도 쓸개도 다 빼놓고 집을 나서라."

영업자라면 반드시 새겨들어야 할 메시지다. 자존심이란 무엇인가. 남에게 굽히지 않고 자신의 품위를 스스로 지키는 마음이다. 밥벌어 먹고 사는 삶의 현장에서 품위를 지키겠다는 마음이 어울린다고 생각하는가?

자존심을 집에 두고 나오라고 해서, 고객에게 굽신대며 모든 모욕과 굴욕을 무조건 감내하라는 말이 아니다. 영업자가 지켜야 할 것은 자존심이 아니라 자존감이라는 이야기다. 내가 자존심을 굽혀 '3개월 무급'이라는 카드를 던질 수 있었던 것도 자존감이 있기에 가능한 일이었다. 자존감이란 나를 존중하고 사랑하는 마음이다. 나는 내가 잘해낼 것이라 믿었고, 스스로에 대한 존중과 자신이 있었기에, 잠깐 자존심이 상하더라도 나를 가장 극적으로 세일즈했던 것이다. 일본에서 영업의 신으로 불리는 하라 잇페이原一平의 말을 들어보자.

"사람들은 나에게 영업의 신이라고 말한다. 그래서인지 사람들은 내가 누구에게나 환영받는 줄 안다. 하지만 사실 나는 세상에서 가장 많이 거절당하는 사람이다."

그의 은퇴식에서 한 기자가 이렇게 물었다.

"그렇게 많은 거절을 당하다 보면 자존심 상하는 일도 많았을 것 같은데 어떻게 극복했나요?"

그는 과연 뭐라고 답했을까?

"아니요, 거절을 하는 사람보다 제 연봉이 훨씬 많습니다. 자존심 상할 이유가 전혀 없습니다."

그는 자신의 능력을 믿고 또 자신을 높이 평가했기에, 그 어떤 거절을 당해도 상처받지 않았다. 자존감이 높은 사람이 지니는 힘이다. 그렇다고 그가 오만한 영업자였던 것도 아니다. 그가 69세 때 강연을 할 때였다. 청중 한 사람이 세일즈를 잘하는 비결이 무엇이냐고 물었다. 하라 잇페이는 주저 없이 양말을 벗고 자신의 발을 만져 보라고 권했다. 발바닥을 만져본 질문자는 두꺼운 굳은살에 깜짝 놀랐다.

"저는 그저 남보다 많이 걷고 뛰었을 뿐입니다."

하라 잇페이의 답이었다. 이렇게 치열하게 노력한 자신의 열정을 존중하고 결국 세일즈의 신이 된 능력을 사랑했기에, 그는 결코 자존심을 다치는 법이 없었던 것이 아닐까.

내가 고객에게 호통을 치는 이유

요즘도 나는 장독대 가맹점을 내기 위해 찾는 고객들을 차에 태우고 다니며 입지에 대한 설명을 한다. 절대로 좋지 않은 자리를 가지고 '이 정도면 됩니다. 이 정도면 주당 천만원은 팔 거예요' 이런 이야기는 절대 하지 않는다. 도리어 고객이 마음에 들어하는 입지가 있어도 내가 판단하기에 좋지 않으면 호통을 친다.

"여기 안 됩니다. 몇 억 있는 거 홀딱 날려버릴 생각이세요?"

회사 입장에서는 좀 답답할 수도 있을 것 같다. 어떻게든 많은 가맹점을 유치하는 것에 집중해야 하는데 고객에게 창업 수업을 해주고 있으니 말이다. 하지만 다행히도 장독대는 가맹점과의 상생을 중요시하는 회사이기에 나의 이런 스타일을 적극 지지해준다. 어쨌든 내가 이런 식으로 고객에게 호통까지 칠 수 있는 이유는 '나는 결코 양심을 속이며 영업하지 않는다'는 자부심 때문이다. 그리고 이 자부심은 '내가 정말 좋다고 생각하는 것만 권하며, 그것은 정말 좋은 것이다'라는 자존감과 자신감에서 나온다.

영업자가 '나는 정말 좋은 것만 판다'는 생각을 가지면 회사와 고객 사이의 중간에 서는 법을 알게 된다. 양쪽 모두에게 이득이 되는 방안을 고민하고 제안할 수 있게 된다. 회사와 고객과의 중간에 내가 있기에 회사 입장도 생각하고 고객 입장도 생각해서 절충안을 찾아낸다. 하루는 장독대에서 일하면서 가맹점주가 돼 '돈만 많이 벌면 된다'는 고객을 만난 적이 있다.

"반찬 만드는 방법이요? 그건 본사에서 알아서 해주는 거 아닙니까? 저야 뭐, 그냥 많이 팔면 됩니다."

이렇게 말하는 그에게 나는 다음과 같이 답했다.

"그런 마음을 가지고 무슨 사업을 하겠다고요? 반찬사

업이라는 건 정말 복된 사업을 하는 겁니다. 식탁에 사람들의 건강을 책임지는 좋은 일을 하는 것입니다. 돈에 목적을 두지 않고 사업의 첫 스타트를 끊어야지, 처음부터 얼마 해서 얼마 벌어야지 그런 생각만 하게 되면, 화만 불러요. 반찬을 만들 때 가족들이 먹는 것처럼 만들어야 하고, 가족들이 내가 해주는 반찬으로 건강을 유지하고, 행복하기를 바라는 마음가짐을 가지는 것이 오너의 몫입니다."

그는 요즘 같은 시대에 무슨 한가한 소리인가 하는 표정이었지만, 그럼에도 뭔가 수긍하는 것이 있는지 고개를 끄덕였다.

"저는 당신을 도우려고 하는 사람이니, 저를 믿으세요. 회사와 가맹점주가 있다면 회사는 법인이니 이래저래 먹고삽니다. 하지만 선생님은 이 돈 잃으면 큰일이지 않습니까? 그래서 이런 말씀을 드리는 겁니다."

나와의 몇 차례 만남 이후 그는 가맹점 계약을 했고, 위생과 맛 등 무엇 하나 정성을 기울이지 않는 것이 없는 노력 덕분에 가장 높은 매출을 내는 가맹점이 되었다. 당연히 본사에도 그만큼 수익이 돌아왔고 말이다.

세계적인 MC가 된 미혼모

　그녀의 어린 시절은 암흑 그 자체였다. 그녀는 누구보다 뛰어난 말재간을 타고나 동네사람들의 인기를 독차지했지만 오히려 그것이 화근이 될 줄은 몰랐다. 주변의 남자들이 그녀를 가만두지 않았고, 결국 열네 살의 어린 나이에 미혼모의 신세가 되고 말았다.

　그녀는 갓난아이를 안고 이발소를 운영하고 있었던 아버지를 찾아갔지만, 그녀의 아버지는 그녀에게 싸늘한 태도를 보일 뿐이었다. 거기에다가 "차라리 강물에 떠내려 보내버려라"라는 저주까지 듣게 되었다. 결국 그때 낳은 아이는 태어난 지 2주 만에 싸늘한 시신으로 변하고 말았다. 이제 불과 열네 살의 소녀가 겪어야 하기에는 너무도 견디기 힘든 무거운 현실이 아닐 수 없었다. 그녀는 더이상 살아갈 힘을 잃고 스스로 목숨을 끊으려 했으나 그것도 마음대로 되지 않았다. 결국 마약에 손을 대기 시작했고 그녀의 몸은 점점 망가져갔다.

　그런 그녀에게 실낱같은 희망의 소식이 전해졌다. 한 방송사에서 '미스블랙 화재예방 미인선발대회'를 한다는 것이 아닌가. 그녀는 그 대회에 나가고 싶은 충동을 느끼고 몸을 만들어 그 대회에 참가하였다. 그때 그녀의 나이 불과 열일곱 살이었다. 그녀는 대회에서 당당히 우승하면서 인생의 새로운 전환점을 맞게 되었다. 어느 날 그녀는 바바라 월터스가 진행하는 '투데이쇼'를 보면서 자신도 유명 방송인이 되겠다는 꿈을 꾸게 되었다. 그녀는 미인 선발대회 우승의 경력을 바탕으로 방송사의 문을 두드렸으며 드디어 한 라디오 방송사의 진행을 맡는 행운을 잡았다. 열아홉 살의 나이에 지역 방송사의 저녁뉴스 캐스터를 공동으로 진행하는 쾌거를 이뤄낸 것이었다.

그녀는 떨리는 마음으로 저녁뉴스 진행을 시작하였다. 말솜씨로는 누구에게도 지지 않을 자신이 있던 그녀였다. 그렇게 열심히 뉴스를 진행하였는데 뜻밖의 평가를 받게 되었다. 그것은 그녀가 지나치게 한쪽 편에 감정이 이입되어 뉴스를 진행한다는 것이었다. 사실 뉴스는 다른 프로그램과 달리 반드시 중립적 입장에서 진행하는 것이 원칙이었다. 그럼에도 불구하고 그녀는 말을 하다보면 상대에게 감정이 이입되어 그만 한쪽으로 자신의 감정을 노출하고 마는 것이었다. 이 때문에 그녀는 저녁뉴스 진행에서 하차하게 되었다. 이제 그녀의 운명은 어찌될 것인가. 하지만 그녀는 전혀 후회하거나 낙심하지 않았다. 오히려 뉴스 진행은 자신의 스타일과 맞지 않으며 분명히 자신에게 더 적합한 방송이 맡겨질 것이란 기대감이 더욱 부풀었다. 결국 그녀는 낮 시간대의 토크쇼 프로그램 진행을 맡게 되었고, 이 프로그램은 그녀의 진행 스타일과 딱 맞아떨어지는 것이었기에 그녀는 더욱 기뻐했다.

이것은 세계적인 MC 오프라 윈프리의 이야기다. 어린 시절 그녀의 가장 큰 상처는 무엇이었을까? 그것은 미혼모가 되었다는 사실보다 아버지로부터 거절당했다는 극심한 상실감이었을 것이다. 이후로 그녀가 마약에 손을 대고 자살까지 시도한 점이 이를 증명한다.

그런 오프라 윈프리는 어떻게 거절감을 이기고 성공할 수 있었을까? 그것은 자존감의 회복이었다. 사랑하는 사람으로부터 거절당한 사람들은 자존심에 깊은 상처를 입으며 자존감이 극도로 낮아져 있다. 그래서 이에 대한 반작용으로 술, 마약, 게임 등에 중독되는 것이다. 다행히 오프라 윈프리는 꿈과 재능이 있었고 그것을 통해 하나하나 성취해 나감으로써 자존감을 회복할 수 있었다. 그리고 마침내 꿈을 이루어냈다.

오프라 윈프리의 사례는 사실 일반인과는 다소 거리가 있지만, 그럼에도 이 이야기를 꺼내든 이유가 있다. 바로 자존감의 중요성을 가장 극적으로 보여주는 사례이기 때문이다.

자존감을 가질 때 벌어지는 일

낮은 자존감의 문제는 사실 수많은 현대인의 문제이기도 하다. 가족으로부터, 더 나아가 사회로부터 수많은 거절과 상처를 받았기 때문이다. 이런 낮은 자존감의 문제를 어떻게 해결할 수 있을까? 세상에 낮은 자존감에 대하여 긍정적 마인드를 가지라느니, 스스로를 위로해주라느니 말들이 많다. 하지만 그것은 일시적 처방일 뿐 절대 근원적 처방이 될 수 없다. 왜냐하면 아무리 스스로 자기암시를 준다 하더라도 다시 거절당하는 상처를 입는 순간 모든 것이 와르르 무너지고 말기 때문이다.

이때에는 자신이 왜 거절당하는지 자신의 모순을 찾는 일부터 시작해야 한다. 자신에게 무엇인가 문제가 있기에 거절당하는 것이지 미움받아서 거절당하는 것이 아니기 때문이다. 이렇게 자신의 모순을 하나하나 해결하는 모습을 보인다면 상대의 평가가 달라지기 시작할 것이다. 자존감의 회복은 이 순간부터 이루어짐을 명심하라. 즉 상대로부터 인정받는 일을 시작할 때라야만 자존감이 회복될 수 있다는 이야기다. 이런 경험은 주로 가정에서 쉽게 찾아볼 수 있다. 엄마가 만날 공부 못하는 아들을 꾸짖어 자존감이 낮아져 있는데, 아이가 스스로 '나는 괜찮아' 한다고 자존감이 회복되지 않는 법이다. 아이가 열심히 공부해 좋은 점수를 받아 아이를 대하는 엄마의 태도가 180도 변할 때 그제서야 아이의 자존감은 비로소 회복될 수 있다.

자존감을 회복했다면 자신감도 동시에 회복된다. 왜냐하면 자존감을 회복하기 위해 자신의 모순을 고치려 노력하는 과정에서 자연스럽게 긍정적 마인드가 생기게 되며, 거절감의 상처도 온데간데 없어지기 때문이다. 나아가 자신이 도전하려는 분야에 대한 노력을 적극적으로 하게 되어 비로소 자신을 그토록 괴롭혔던 자신감 부족은 자신감 충만으로 바뀌게 되는 것이다.

거절을
재정의하라

성공과
성장을 가져오는
거절의
발전적 개념

이제 50대 초반에 불과한 마윈馬雲은 전 세계에서 인구가 가장 많은 중국에서도 최고 부자 중 한 명으로 통한다. 그는 중국 최대 전자상거래업체 알리바바의 CEO다. 그의 성공은 누구의 도움도 없이 오로지 자수성가로 이뤄낸 것이기에 더욱 빛이 난다. 그리고 이런 그 역시 누구보다 많은 거절의 아픔을 경험했다.

마윈의 삶은 거절과 실패의 연속이었다. 그는 중학교 시험에 무려 세 번이나 떨어졌으며, 대학교 시험에도 세 번이나 낙방했다. 하지만 그는 절망하기보다 자신의 실력이 부족한 탓이라 여기며 노력을 멈추지 않았다. 첫 대학 입학시험에서는 영어 점수가 1점에 불과했는데, 다음에는 19점을 받았고, 그다음에는 79점을 받아 드디어 합격하기에 이른다.

이후 마윈은 미국에 대한 원대한 꿈을 가지고 하버드 대학교에 지원하게 되는데 이때에도 무려 열 번이나 거절당하는 수모를 겪었다. 하지만 무엇보다 마윈에게 충격을 준 거절은 따로 있었으니, 중국 맥도날드에 지원했을 때의 일이다. 중국의 경제가 발전하자 미국 맥도날드가 중국에 진출하게 되었고, 이 소식을 들은 마윈은 당장 맥도날드에 입사원서를 보냈다. 이때 맥도날드는 스물네 명의 지원자 중 스물세 명을 뽑았는데, 단 한 명의 낙오자가 바로 마윈이었다. 이뿐이 아니었다. 마윈은 경찰관 모집에도 응시했으나 떨어졌고, 이후 창업 후에도 무수한 실패를 맛보았다. 알리바바는 거절과 실패, 좌절과 절망을 겪은 끝에 마윈이 이룬 거대한 성공이었던 것이다.

정말 미스터리한 일이다. 누구는 단 몇 번의 거절만으로도 깊은 상처를 입는데, 누구는 수십 번, 수백 번의 거절 앞에서도 굴하지 않고 다시 우뚝 서다니 말이다. 도대체 이 미스터리를 어떻게 풀어야 할까? 그저 우리는 보통 사람이고 마윈은 보통 사람이 아니었기에 이런 일이

가능했다고 푸념하며 넘어가야 할까? 물론 그렇지 않다. 그렇게 해서는 영원히 거절의 문제에서 벗어날 수 없을 것이다. 이 문제를 풀기 위해서는 거절의 본질을 파고들고, 그 뿌리를 뽑아버려야 한다.

마윈의 경우 너무도 많은 거절을 당하다보니 어느새 거절에 익숙해져버렸다고 한다. 그리고 오히려 그때의 거절과 실패가 성공에 한몫했다고 한다. 그야말로 실패가 성공의 어머니였다는 것이다. 마윈의 이야기는 거절의 정의에 대해 다시 생각해보지 않을 수 없게 한다. 실패하더라도 마윈처럼 거절의 아픔을 피할 수만 있다면, 이는 긍정적 에너지로 작용할 수도 있는 것이기 때문이다.

거절을 당했던 아픔이 부정적으로 작용하는 마음을 '거절감'이라고 표현해보자. 그런데 왜 거절당했던 아픔이 왜 늘 부정적으로 작용하는 걸까? 아픔이 오면 괴로움이 생기고 두려움이 밀려들기 마련이다. 그러니 부정적으로 작용했을 것이다. 그런데 여기서 '아픔이 왜 왔을까'라는 근본적인 질문을 하지 않을 수 없다. 마윈의 경우 자신의 부족한 때문에 거절과 실패의 아픔을 겪었던 것이고, 그래서 그 부족한 점을 보완했더니 성공할 수 있었다고 말한다. 그렇다. 마윈은 거절과 실패를 단순히 상처나 좌절로 받아들이지 않고, 자신을 바로보고 성장할 수 있는 기회로 봤던 것이다.

혈액암을 이기고 최고의 투수가 될 수 있었던 비결

　세계 최고의 야구 그라운드인 메이저리그의 좌완 투수 존 레스터는 희망에 부풀어 있었다. 메이저리그에서는 기대주 신인들을 루키라고 부르는데, 그해 루키의 명단에 자기의 이름이 당당히 올라 있었기 때문이다. 그렇게 존 레스터는 설레는 마음으로 마운드에 올랐고 역시나 팬들의 기대를 저버리지 않았다. 그는 신인답지 않게 놀라운 성적을 거두며 승승장구했다. 그해 8월까지 존 레스터가 거둔 성적은 7승 2패, 방어율 4.76이었다. 최고 투수의 수준은 아니었으나 루키로서 만족할 만한 성적임에는 틀림없었다. 존 레스터 본인도 이 성적에 들떠 있었다.

　그런데 갑자기 몸에 이상 증세가 나타나기 시작했다. 별다른 원인도 없이 몸이 무력해지면서 아무 힘도 쓸 수 없는 상태가 지속된 것이다. 시즌 중이라 증세를 숨긴 채 마운드에 올랐지만 힘도 써보지 못한 채 강판되는 일이 반복됐다. 그리고 결국 병원 검진을 받은 결과, 혈액암이라는 진단을 받게 되었다. 아아, 힘차게 선수생활을 시작했던 레스터로서는 절망적인 결과가 아닐 수 없었다. 대체 이 현실을 어떻게 받아들여야 한단 말인가. 일단 암을 고치는 것이 우선이었기에 입원했으나 항암 치료를 받으면서 머리카락이 빠지고 체중이 급격히 줄었다. 그렇게 레스터의 이름과 존재는 야구팬들 사이에서 잊혀져 갔다.

그러나 이듬해, 놀라운 일이 벌어졌다. 레스터가 야구장에 당당히 모습을 드러낸 것이다. 그것도 이전보다 훨씬 강인한 모습으로 말이다. 그게 다가 아니었다. 그는 이후 괴물 같은 행보를 선보이기 시작했다. 그해 월드시리즈 4차전 승리 투수가 된 것은 물론, 다음해에는 15승 150탈삼진을 기록하며 메이저리그 최고 좌완투수 중 한 명으로 우뚝 섰다. 암으로 투병하던 그에게 무슨 일이 있었기에 이런 기적이 벌어진 걸까?

아마 레스터의 이야기를 보며 마치 한 편의 드라마를 본 듯한 느낌이 들었을 것이다. 현실로 받아들이기에는 그만큼 놀라운 이야기니 말이다. 만약 이 이야기가 현실적으로 다가오려면 레스터가 끝내 재기하지 못하든지, 아니면 애써 선수생활을 다시 시작했더라도 이전의 모습을 회복하지 못했다 정도가 되어야 할 텐데 말이다. 하지만 이는 실제 일어났던 일이다. 그는 혈액암을 이겨내고 최고 투수의 자리에 올랐다. 먼 과거의 이야기도 아니다. 존 레스터는 2014년 시즌 종료 후 1억 5,500만 달러라는 초대형 계약을 했다.

레스터는 암을 계기로 완전히 다른 사람이 되었다. 사실 이전까지 그는 그리 강한 의지를 갖지 못했다. 하지만 암을 이겨내고 말겠다는 바람이 굳건한 의지로 이어졌다. 레스터는 자신의 병을 모든 팬들에게 공개했을 뿐만 아니라, 자신이 어떻게 병을 이겨냈는지 그 과정까지도 생생히 밝혔다. 이에 팬들은 레스터에게 응원을 보냈고, 레스터는 두려움이 불쑥불쑥 찾아올 때마다 팬들이 보내는 격려와 위로로 용기를 내며 결국 암을 극복할 수 있었다.

대부분 사람들은 암을 독약처럼 취급한다. 자신을 죽이러 오는 핵무기와도 같은 존재라고 생각한다. 그런데 존 레스터에게 암은 전혀 다른 대상이었다. 그에게 암은 전화위복을 가져오고 최상의 삶을 살게 해준 영약과도 같다. 물론 그의 경우가 특별한 것일 수도 있다. 그의 암이 치료가 쉬웠을 수도 있고, 운동선수인 만큼 신체가 건강해 회복이 빨랐을 수도 있다. 하지만 그 어떤 경우라도 그가 암을 독약으로 받아들이고 포기했다면, 더이상 야구를 할 수 없다는 절망에 빠져 허덕였다면, 그가 암을 이겨내고 이전보다 월등히 나아진 실력으로 최고의 투수가 되는 기적은 벌어지지 않았을 것이다.

그의 이야기를 거절에 대입해보자면, 거절 역시 누군가에겐 독약이 될 수도 있고, 누군가에겐 영약이 되 수도 있다. 마윈의 경우도 이를 여실히 증명한다. 그는 수많은 거절이 있었기에 오늘날 중국 최고의 갑부가 될 수 있었다고 말한다. 보통 사람에게 거절의 경험이 좌절과 상처로 범벅된 독약이라면, 마윈에겐 자신을 성장시키고 발전시키는 영약이었던 것이다.

'안 되는 것' VS '안 되는 이유를 알려주는 것'

다음은 근대의 가장 위대한 발명가로 손꼽히는 에디슨이 전구를 발명했을 때의 일화다. 에디슨은 등불을 대신할 발명품으로 전구를 생각하고는 발명에 박차를 가했다. 아이디어를 실제로 만들기 위해서는 필라멘트의 발명이 핵심이었다. 문제는 빛을 내기 위해 필라멘트의 재료로 어떤 것을 써야 하는가 하는 부분이었다. 이에 에디슨은 가능한 재료를 모두 적용하며 실험을 해나가기 시작했다. 무려 90가지의 재료를 썼는데도 반응이 없자 조수가 조바심을 내기 시작했다. 그는 이미 이 발명이 불가능하다고 단념한 모양으로, 에디슨에게 이것은 불가능한 실험임을 조심스레 털어놓았다. 그러나 에디슨의 생각은 정반대였다.

"우린 90번의 실패를 한 것이 아니라 빛을 낼 수 없는 재료가 90가지인 것을 알아낸 것뿐이네."

이후에도 필라멘트를 발명해내고야 말겠다는 에디슨의 의지는 계속되었다. 하지만 100번을 넘어, 1,000번, 2,000번의 실패가 이어졌다. 이 정도라면 이제 포기하는 것이 정상이었다. 하지만 에디슨은 포기하지 않았으며 계속 새로운 재료를 써서 실험을 계속했다. 그렇게 2,397 번, 2,398번, 2,399번의 실험도 실패하고 말았다. 하지만 2,400번째의 실험에서 놀라운 일이 일어났다. 드디어 필라멘트에서 빛이 번쩍 하고 일어난 것이다. 그렇게 에디슨은 2,400번째 실험 만에 마침내 전구를 발명해냈다.

너무도 유명한 일화다. 아마 많은 사람들이 들어봤던 이야기일 것이다. 그럼에도 굳이 이 에피소드를 꺼낸 이유는 이것이 바로 거절의 철학에 정점을 찍을 수 있는 이야기이기 때문이다. 같은 과정을 겪으면서도 조수와 에디슨의 반응은 달랐다. 조수는 이 정도 실패했으면 이건 절대 불가능한 일이라고 판단했고, 에디슨은 이것이 실패의 이유를 알아내고 성공으로 갈 수 있는 과정이라고 생각했다. 이것이 거절과 관련해 무슨 메시지를 주는 걸까? 거절은 좌절과 실패를 안겨주기 위해 존재하는 것이 아니라 안 되는 이유를 알려주어 되도록 하게 하는 역할을 하는 존재란 사실을 알려준다.

'안 되는 이유를 알려주는 것.'

이것은 거절에 있어 매우 중요한 개념이다. 우리는 거절을 '안 되는 것'이 아니라 '안 되는 이유를 알려주는 것'으로 재정의해야 한다. 그렇다면 내 앞에 거절이 다가올 때 절대 불쾌하게 생각하거나 두려워할 필요도 없다. 나아가 거절을 통하여 내 모순(약점, 부족한 점)을 발견하고 바로 잡으면 다시 성장할 수 있다.

내가 아는 작가가 있다. 그는 뒤늦은 나이에 어린 시절 품었던 작가의 꿈을 다시 불태우며 작가 세계에 뛰어든 후 놀라운 활동력을 선보였다. 불과 8년 사이에 30여 권을 낼 정도였다. 이 정도라면 그는 작가로서 베테랑이 되었을 법도 하다. 그런데 그가 이런 고백을 했다. 자신은 책 쓰는 것은 누구에게도 뒤지지 않을 만큼 자신 있지만, 사실은 트라우마가 있다는 것이다. 즉 자신이 쓴 작품에 대해 출판사 관계자나 평론가들의 평가가 혹 부정적이지 않을까, 하는 두려움이 있다는 것이다. 바로 거절에 대한 두려움이었다. 그런데 세상에 거절에 대한 두려움 때문에 정체하고 있는 사람이 이 작가뿐이겠는가. 몇몇을 제외한 세상의 대부분 사람들이 바로 이 거절의 두려움 때문에 앞으로 나아가지 못하고 있으며 더 심한 사람들은 패배의 수렁에서 헤매고 있지 않은가.

그런 의미에서 거절의 긍정적 개념을 깨닫는 것은 매우 중요한 일이라 하지 않을 수 없다. 거절의 긍정적 개념을 통하여 비로소 거절을 두려워하고 거부하는 마음이 해소될 수 있기 때문이다. 나아가 거절의 발전적 개념까지 받아들인다면 거절을 통하여 배우고 체득해 나 자신을 발전시켜 나가갈 수 있게 해준다.

사람은 극단적 상황에서 생각지도 못한 초능력을 내는 경우가 종종 있다. 시험을 코앞에 둔 학생이 벼락치기 공부를 하면 학습능력이 극대화되어 하룻밤 사이에 며칠 분량의 공부를 후딱 해치우고 만다. 마감에 닥친 작가들 역시 벼락치기 작업을 하게 되는 경우가 종종 있는데, 이 역시 작가적 능력이 극대화되어 미친듯이 글을 완성해내는 경우가 종종 있다. 이 모든 것이 극단적 상황에 닥쳤을 때 나오는 능력들이다. 거절 역시 사람을 극단적 상황으로 몰고 가는 힘이 있다. 수많은 사람들이 결국 거절 앞에 절망을 느끼며 포기하려 하는 것이 바로 그 증거이다. 그런데 이때 어떤 사람들은 전혀 생각지도 못한 새로운 방법의 발견으로 위기를 이겨낸다. 이 또한 거절의 발전적 개념이 가져다주는 결과이다. 따라서 거절을 당연한 것으로 받아들이고 그 거절을 통하여 거절당한 이유를 분석하고 발견하여 발전의 재료로 삼으면 되는 것이다. 이것이 거절이 가지고 있는 발전적 개념들이란 사실을 당신이 받아들일 수 있다면, 이제 당신에게 있어 거절은 더이상 피하고 싶은 존재가 아닌 받아들이고 싶은 존재로 변할 것이다.

거절을 재정의해보자.
거절은 안 되는 것이 아니라
그 이유를 알려주는 것이다.

거절이 상처나 좌절을 주는 것은 당연하다.
하지만 이것은 또한 자신을 바로 보고
성장할 수 있는 기회이기도 하다.
안 되는 이유를 발견했다면,
자신의 문제점을 고쳐보도록 하자.
그렇게 한다면 성장과 성공에 이를 것이다.

오늘도
고개 숙인 당신에게

빅터는 학교에서 저능아, 바보로 불렸다. 그도 그럴 것이 시험을 보면 늘 꼴찌를 면치 못했으며 하는 행동도 어눌해 친구들로부터 놀림받고 따돌림 당하기 일쑤였다. 어느 날, 선생님이 빅터를 불렀다.

"아무리 생각해도 넌 공부와는 맞지 않아. 그러니 차라리 학교를 그만 두고 장사나 배우는 게 딱 맞을 것 같아."

친구로부터 시작된 거절이 이제 학교의 거절로까지 이어진 것이다. 빅터는 큰 절망감에 빠져 정말로 학교를 그만두고 장사를 하러 다니기 시작했으며 이후 17년간이나 밑바닥 생활을 떠돌았다.

그러던 어느 날 우연히 빅터는 아이큐 검사를 받게 되었다. 어릴 때부터 저능아 소리를 들었으니 당연히 낮은 점수가 나올 것이라 생각했지만 이게 웬일인가. 결과는 소스라치게 놀라웠다. 바보인 줄만 알았던 빅터의 아이큐가 161이나 나왔던 것이다. 이후로 빅터의 삶은 180도 달라졌다. 표정이 밝아졌으며 행동 하나하나에 자신감이 묻어났다. 일도 그동안 단순노동에서 머리 쓰는 일로 바뀌었다. 빅터는 기발한 아이디어로 여러 발명품을 내놓았으며 책을 써내기도 하였다. 결국 빅터는 커다란 성공을 거둘 수 있었고 나중에는 천재들만 가입할 수 있다는 국제멘사클럽 회장으로 선출되기까지 하였다.

이것은 꾸며낸 이야기가 아니라 실제 있었던 빅터 세리브리아코프의 실화다. 바보라 불렸던 빅터가 수많은 거절과 어려움을 겪으면서 비로소 진짜 나를 발견하고 진짜 나의 모습으로 살아가는 장면이 무척 인상적이다. 바보 빅터가 자신의 진짜 모습을 찾은 것처럼 우리는 우리의 진짜 모습을 찾아야 한다. 내가 해낼 수 있다는 믿음이 있으면, 그리고 반드시 해내겠다는 의지가 있다면 가능한 일이다.

거절과 노력이 만들어낸 산물

이번엔 다른 사례다. 그는 축구선수로서 부족한 자격을 가지고 있었다. 왜소한 체격도 문제였지만, 운동을 하는 데 치명적인 평발이 더욱 큰 문제였다. 상황이 이렇다 보니 진로를 결정해야 할 때, 그의 고민은 이만저만이 아니었다. 가정환경이 어려웠던 그는 곧바로 프로팀 입단 테스트에 임하기로 결정했지만 지원한 모든 팀으로부터 거절당했다. 그럼에도 그는 포기하지 않았다. 어딘가에는 분명 자신을 알아봐주는 사람이 있을 것이라는 믿음으로, 계속 문을 두드렸다. 그러다 한 대학 축구팀 감독에게 인정받아, 어쨌든 대학 축구선수로나마 선수생활을 이어갈 수 있게 되었다. 남들보다 부족한 실력과 체력을 커버하기 위해 누구보다 열심히 노력하고 또 노력했다. 가장 일찍 훈련을 시작해 가장 늦게 훈련을 마쳤다. 노력은 배신하지 않는다고 했던가. 놀라운 일이 일어났다. 그가 올림픽 국가대표팀에 뽑히는 기적이 일어난 것이다.

이 이야기는 주인공은 박지성 선수다. 아무도 주목하지 않았던 그를 대표팀에 발탁한 사람은 2002년 월드컵 신화의 주인공 거스 히딩크 감독이다. 히딩크는 왜 박지성 선수를 선택한 걸까? 사실 이것이 가장 궁금했던 사람은 다름 아닌 박지성 선수 본인이었다. 그러던 어느 날, 식사를 하던 박지성 선수의 옆을 지나가던 히딩크 감독이 특유의 엄지를 치켜 올리는 동작과 함께 한마디를 건넸다. 통역이 전해준 말에 따르면, 감독은 그에게 "정신력은 네가 최고야!"라고 말했다고 한다.

그 순간 박지성 선수는 흥분으로 온몸에 전율이 일어나며 가슴이 터질 것만 같았다. 모두가 자신의 부족한 부분만 볼 때, 히딩크 감독은 자신의 숨겨진 강점을 봐준 것이었다. 이렇게 히딩크 감독과 박지성 선수의 운명적인 만남이 시작되었고, 이후 두 사람이 어떤 결과를 이뤄냈는지에 대해서는 더이상 설명이 필요 없을 것이다.

박지성 선수의 에피소드는 거절감의 수렁에 빠져 있는 사람들에게 많은 교훈을 던져준다. 도대체 그의 탱크 같은 정신력은 타고난 것일까, 만들어진 것일까? 타고난 면도 있겠지만 그보다 만들어진 부분이 더 많았을 것이라 생각한다. 그 증거는 이전까지 별 실력 발휘를 하지 못했던 그가 수많은 거절 후에 더욱 강해진 데서 찾을 수 있다. 박지성 선수는 누구보다 축구를 사랑했고, 그래서 축구를 계속하길 원했기에 거절 앞에서 포기할 수 없었다. 아니 한 번 거절당하면 그보다 더 열심히 노력할 뿐이었다. 결국 누구보다 뛰어났던 박지성 선수의 정신력은 거절과 노력이 만들어낸 산물이었다고 할 수 있을 것이다.

살고야 말겠다는 의지로 '하늘의 거절'을 이겨낸 사람

미치시타는 일본 이와테 현의 한 평온한 어촌 마을 앞 바다에서 아버지와 함께 한창 고기잡이를 하던 중이었다. 그런데 갑자기 굉음 같은 소리와 함께 배가 출렁하는 것이 아닌가. 오랫동안 바다사람으로 살아왔던 아버지는 이것이 단지 그냥 지나가는 일시적 현상이 아니라고 느꼈다. 거대한 쓰나미가 몰려올 징후였다. 아니나 다를까, 바다가 크게 요동치고 배가 흔들리기 시작했다. 지금 당장 조업을 중단하고 육지로 돌아가야 했다.

그 절체절명 위기의 순간, 미치시타의 아버지는 아들에게 육지가 아닌 거대한 쓰나미가 몰려오고 있는 바다 한가운데로 돌진할 것을 명령했다. 미치시타는 순간 당황했지만 아버지의 오랜 경험을 믿고 바다 한가운데로 돌진했다. 아아, 과연 이 배는 저 거대한 쓰나미를 견뎌낼 수 있을 것인가. 드디어 괴물 같은 쓰나미가 미치사타와 아버지가 탄 배를 덮쳤다. 그런데 이게 웬일인가. 배는 마치 파도타기처럼 거대한 쓰나미를 타고 잠시 붕 떴을 뿐 뒤집히지 않았다. 그리고 쓰나미는 계속 마을을 향해 돌진했고 거대한 상어가 작은 물고기들을 삼키듯 마을과 마을 사람들을 통째로 삼켜버렸다. 이 쓰나미로 인해 일본은 커다란 피해를 입게 되었다.

이 에피소드를 이야기한 이유는 생즉사 사즉생生則死 死則生의 교훈이 떠올랐기 때문이다. 이순신 장군이 명량해전 당시 수적 열세에 놓인 절체절명 위기 상황에서 부하들에게 용기를 심어주기 위해 사용한 바로 그 말이다.

절체절명이 위기가 닥쳤을 때, 때로는 정면돌파가 위기를 벗어나는 방법이 되기도 한다. 쓰나미의 원리와 미치시타의 에피소드는 이를 완벽히 방증하고 있다. 사실은 해수욕장에서 파도타기를 즐겨본 사람이라면 누구나 이해할 수 있는 원리다. 파도타기를 할 때 파도가 오는 방향으로 나아가면 부드럽게 파도를 타면서 몸은 전혀 흐트러지지 않게 된다. 하지만 파도가 밀려오다가 부서지는 경계 지점에 있으면 완전히 파도에 휩쓸려 몸이 뒤집어지게 된다. 미치시타와 그의 아버지가 쓰나미가 오는 정면으로 나아가 목숨을 건진 이유도 바로 이와 비슷한 원리인 것이다.

쓰나미를 자주 경험했던 일본의 바다사람들 사이에는

'깊은 바다로 나아가면 쓰나미가 높아지지 않는다'는 속설이 있었다. 미치시타는 바로 이런 속설을 행동으로 옮겨 목숨을 건질 수 있었다. 이 일화는 의지력과 관련하여 중요한 교훈을 던져준다. 무언가를 하고자 결심했던 사람들의 의지력이 흔들리는 순간은 언제인가? 바로 피해 가려는 마음을 먹는 순간이다. 이때 사람들은 하지 못하는 이유와 핑계를 대기 시작한다. 조금 있다 하겠다느니, 슬럼프가 와서 그렇다느니, 하면서 말이다. 하지만 이렇게 뒤로 미룬 의지력은 절대 회복되지 않는다.

의지력이란 마치 쓰나미를 정면돌파하듯, 하고자 하는 어떤 일을 피하지 않고 정면으로 도전하고자 하는 마음이다. 물론 그러한 도전 가운데 쓰나미가 덮칠 것 같은 고통이 닥쳐오기도 하겠지만 그래도 포기하지 않겠다고 마음먹는 것이 바로 의지력인 것이다.

'내가 왜 이렇게 힘들까, 왜 이리 어려워야 될까.' 하지만 구름 뒤에는 햇빛이 있다. 구름이 걷히면 햇빛이 내리쬐는데, 지금 내 눈에는 햇빛을 가리고 있는 구름만 보이니까 힘든 것이다. 오늘도 고개 숙인 당신이 구름 뒤의 햇빛을 기대할 수 있기를, 그리고 노력과 의지력으로 반드시 그 햇빛을 만날 수 있기를 바라고 응원한다.

마지막으로,
절대 포기하지 말기를 바란다.

거절은 누구나 겪는다.
좌절과 실패에 대한 공포도 마찬가지다.
하지만 그것은 정신력과 의지력으로 극복할 수 있다.
먹구름이든 비구름이든 그 뒤에는 햇빛이 있다.
한 번 거절당하면 그보다 더 열심히 노력하면 된다.
그러다 보면 언젠가 당신의 거절을 걷어줄
찬란한 햇빛을 만날 수 있을 것이다.

거절당하는 기술

초판 인쇄 2018년 12월 13일
초판 발행 2018년 12월 20일

지은이 서정규
펴낸이 김승욱
편 집 고아라 김승욱 심재헌
디자인 김선미
마케팅 최향모 강혜연 이지민
홍 보 김희숙 김상만 이천희 이가을
제 작 강신은 김동욱 임현식

펴낸곳 이콘출판(주)
출판등록 2003년 3월 12일 제406-2003-059호

주소 10881 경기도 파주시 회동길 455-3
전자우편 book@econbook.com
전화 031-8071-8677
팩스 031-8071-8672

ISBN 979-11-89318-07-9 03320

이 도서의 국립중앙도서관 출판시도서목록(CIP)은 e-CIP 홈페이지(http://www.nl.go.kr/ecip)와 국가자료공동목록시스템(http://www.nl.go.kr/kolisnet)에서 이용하실 수 있습니다. (CIP제어번호: CIP2018036041)